中华人民共和国
政府信息公开条例
注释本

法律出版社法规中心　编

法律出版社
LAW PRESS CHINA
·北　京·

图书在版编目(CIP)数据

中华人民共和国政府信息公开条例注释本 / 法律出版社法规中心编. -- 2版. -- 北京 : 法律出版社, 2021(2024.3重印)
(法律单行本注释本系列)
ISBN 978-7-5197-6021-2

Ⅰ. ①中… Ⅱ. ①法… Ⅲ. ①国家行政机关-信息管理-条例-法律解释-中国 Ⅳ. ①D922.105

中国版本图书馆CIP数据核字(2021)第199951号

中华人民共和国政府信息公开条例注释本
ZHONGHUA RENMIN GONGHEGUO ZHENGFU XINXI GONGKAI TIAOLI ZHUSHIBEN

法律出版社法规中心 编

责任编辑 李群 陈熙
装帧设计 李瞻

出版发行 法律出版社
编辑统筹 法规出版分社
责任校对 张红蕊
责任印制 张建伟
经　　销 新华书店

开本 850毫米×1168毫米 1/32
印张 5.125　**字数** 160千
版本 2021年11月第2版
印次 2024年3月第2次印刷
印刷 三河市龙大印装有限公司

地址:北京市丰台区莲花池西里7号(100073)
网址:www.lawpress.com.cn
投稿邮箱:info@lawpress.com.cn
举报盗版邮箱:jbwq@lawpress.com.cn

销售电话:010-83938349
客服电话:010-83938350
咨询电话:010-63939796

书号:ISBN 978-7-5197-6021-2　**定价:**18.00元
凡购买本社图书,如有印装错误,我社负责退换。电话:010-83938349

编辑出版说明

现代社会是法治社会，社会发展离不开法治护航，百姓福祉少不了法律保障。遇到问题依法解决，已经成为人们处理矛盾、解决纠纷的不二之选。然而，面对纷繁复杂的法律问题，如何精准、高效地找到法律依据，如何完整、准确地理解和运用法律，日益成为人们“学法、用法”的关键所在。

为了帮助读者快速准确地掌握“学法、用法”的本领，我社开创性地推出了“法律单行本注释本系列”丛书，至今已十余年。本丛书历经多次修订完善，现已出版近百个品种，涵盖了社会生活的重要领域，已经成为广大读者学习法律、应用法律之必选图书。

本丛书具有以下特点：

1. 出版机构权威。成立于1954年的法律出版社，是全国首家法律专业出版机构，始终秉承“为人民传播法律”的宗旨，完整记录了中国法治建设发展的全过程，享有“社会科学类全国一级出版社”等荣誉称号，入选“全国百佳图书出版单位”。

2. 编写人员专业。本丛书皆由相关法律领域内的专业人士编写，并引入匿名审稿评估制度，确保图书内容始终紧跟法治进程，反映最新立法动态，体现条文本义内涵。

3. 法律文本标准。作为专业的法律出版机构，多年来，我社始终使用全国人民代表大会常务委员会公报刊登的法律文本,积淀了丰富的标准法律文本资源,并根据立法进度及时更新相关内容。

4.条文注解精准。本丛书以立法机关的解读为蓝本,对每个条文提炼出条文主旨,并对重点条文进行注释,使读者能精准掌握立法意图,轻松理解条文内容。

5.配套附录实用。书末“附录”部分收录的均为重要的相关法律、法规,使读者在使用中更为便捷,使全书更为实用。

需要说明的是,本丛书中“适用提要”“条文主旨”“条文注释”等内容皆是编者为方便读者阅读、理解而编写,不同于国家正式通过、颁布的法律文本,不具有法律效力。本丛书不足之处,恳请读者批评指正。

我们用心打磨本丛书,以期待为法律相关专业的学生释法解疑,致力于为每个公民的合法权益撑起法律的保护伞。

法律出版社法规中心

2021年10月

目　　录

附　　录

《中华人民共和国政府信息公开条例》适用提要

推行政府信息公开，是提高科学执政、民主执政、依法执政能力和水平，构建社会主义和谐社会的必然要求；是推进社会主义民主、建设法治政府的重要举措；是建立行为规范、运转协调、公正透明、廉洁高效的行政管理体制的重要内容。

为了统一规范政府信息公开工作、强化行政机关公开政府信息的责任、明确政府信息的公开范围、畅通政府信息的公开渠道、完善政府信息公开工作的监督和保障机制，2007 年 1 月 17 日，国务院第 165 次常务会议审议并原则通过了《中华人民共和国政府信息公开条例（草案）》。2007 年 4 月 5 日，国务院令第 492 号公布了《政府信息公开条例》[①]。

随着改革的深入和信息化的快速发展，2007 年《政府信息公开条例》在实施中遇到一些新情况、新问题：一是人民群众参与公共决策、关心维护自身权益的积极性增强，对政府信息公开的广度、深度提出了更高要求，但有的行政机关存在公开内容不够全面准确、公开深度不能满足群众需要的问题；二是依申请公开制度实施中遇到有的申请人向行政机关反复、大量提出信息公开申请，或者要求为其搜集、整理、加工政府信息的情况，这会占用大量行政

① 为方便读者阅读，本书中的法律法规名称均使用简称。——编者注

资源,影响政府信息公开工作的正常开展;三是由于制定条例时我国政府信息公开工作刚刚起步,尚处于探索阶段,有些制度规定比较原则,实践中容易引发争议。为了解决上述问题,2019 年 4 月 3 日,国务院令第 711 号公布了新修订的《政府信息公开条例》。

2019 年修订的《政府信息公开条例》共 6 章 56 条,修订的内容包括以下几个方面:

1. 扩大主动公开的范围和深度

2019 年修订的《政府信息公开条例》根据政务公开实践发展的要求,明确各级行政机关应当主动公开机关职能、行政许可办理结果、行政处罚决定、公务员招考录用结果等 15 类信息。根据 2019 年修订的《政府信息公开条例》第 21 条的规定,设区的市级、县级人民政府及其部门,乡(镇)人民政府还应当根据本地方的具体情况主动公开与基层群众关系密切的政府信息。

根据 2019 年修订的《政府信息公开条例》的规定,行政机关应建立健全政府信息管理动态调整机制,要求行政机关对不予公开的政府信息进行定期评估审查,对因情势变化可以公开的政府信息应当公开。行政机关应建立依申请公开向主动公开的转化机制,可以将多个申请人申请公开的政府信息纳入主动公开的范围,申请人也可以建议行政机关将依申请公开的政府信息纳入主动公开的范围,以此推动公开工作深入开展。

2019 年修订的《政府信息公开条例》加大了政府信息公开力度,在公开数量和公开质量上均有所优化;不仅可以节约成本和公共资源,而且有利于政府更好地回应社会关切,为人民群众提供更多的便利。

2. 明确政府信息公开与否的界限

2019 年修订的《政府信息公开条例》进一步明确了政府信息公开与否的界限,推动政府信息依法公开。根据 2019 年修订的《政府信息公开条例》的规定,除不予公开的政府信息外,政府信息应当公开。不予公开的政府信息包括：依法确定为国家秘密的政府信息，法律、行政法规禁止公开的政府信息，公开后可能危及国家安全、公共安全、经济安全、社会稳定的政府信息，公开会对第三方合法权益造成损害的政府信息。根据2019年修订的《政府信息公开条例》的规定，行政机关内部事务信息、过程性信息、行政执法案卷信息可以不予公开。

2019年修订的《政府信息公开条例》对不予公开范围予以明确，使不予公开范围的界定更为科学、明确、具体；既提高了制度的权威性，也便于2019年修订的《政府信息公开条例》的实施，有效地解决了过去存在的各种突出问题。这有助于形成具体例外规定与一般兜底条款之间的良性互动：义务机关绝大部分情况下应该首先适用具体例外规定；只有真正会对国家安全等造成影响，具体例外又缺乏规定的，才适用兜底条款，以改变过去那种过度适用兜底条款的现象。

3. 完善依申请公开的程序规定

2019年修订的《政府信息公开条例》完善了依申请公开的程序规定，明确了公开申请提出、补正申请内容、答复形式规范、征求意见程序等内容，并要求行政机关建立健全政府信息公开申请登记、审核、办理、答复、归档的工作制度，加强工作规范。

2019年修订的《政府信息公开条例》对相关规则程序的进一步明确，有利于避免不必要的争端争议，提升人民群众对政府服务的满意度，同时推动提升行政机关处理政务公开工作的规范化水准。

同时，2019年修订的《政府信息公开条例》取消了依申请公开的"三需要"门槛，删除了关于公民、法人或者其他组织申请获取相关政府信息需"根据自身生产、生活、科研等特殊需要"的限制条件，保障公民、法人或者其他组织依法获取政府信息的权利。

2019年修订的《政府信息公开条例》还对不当行使申请权的

行为予以规范，对于少数申请人反复、大量提出政府信息公开申请的问题，规定了不予重复处理、要求说明理由、延迟答复并收取信息处理费等措施。根据2019年修订的《政府信息公开条例》的规定，对于申请人以政府信息公开申请的形式进行信访、投诉、举报等活动的，行政机关应当告知申请人通过相应渠道解决。

中华人民共和国
政府信息公开条例

（2007年4月5日国务院令第492号公布
2019年4月3日国务院令第711号修订）

第一章　总　　则

第一条　【立法目的】为了保障公民、法人和其他组织依法获取政府信息，提高政府工作的透明度，建设法治政府，充分发挥政府信息对人民群众生产、生活和经济社会活动的服务作用，制定本条例。

条文注释

本条是关于《政府信息公开条例》立法目的的规定。

在现代民主国家，政府代理公民生产公共产品、管理公共事务、经营公共财产，对于公民负有披露信息、报告业绩并接受评估、接受监督等义务。本条例将政府信息公开制度化，能够使公民、法人和其他组织依法获得政府信息，获得信息本身就意味着公民的自由得到了发展。通过信息公开，将行政机关的活动置于公民的监督之下，自然可以防止"暗箱操作"，减少权力寻租，从而起到遏制官员腐败、权力滥用的作用。行政信息公开，还体现了政府的服务理念。在现代社会中，政府的介入和干预涉及经济社会生活的方方面面,具有极大的经济和社会效应,社会个体对政府信息的依赖性不断加强。完善政府信息公开制度,有利于社会个体更好地获得信息,对自身活动加以判断、选择,从而更好地维护自己的权益。需要说明的是,“建设法治政府”修改了2007年《政府信息公开条例》第1条中的“促进依法行政”。其用意是让人民群众正确理解和运用政府信息公开制度,避免一些人将政府信息公开理解为与行政复议、行政诉讼类似的监督约束依法行政的制度工具,由此引发不必要的矛盾。

第二条　【政府信息的概念】本条例所称政府信息,是指行政机关在履行行政管理职能过程中制作或者获取的,以一定形式记录、保存的信息。

条文注释

本条是关于政府信息的概念的规定。

本条规定政府信息的产生者是政府,此政府是指狭义的政府,仅指行政机关。近几年得到蓬勃发展的有关立法机关的立法公开、司法机关的审务公开和检务公开、执政党机关的党务公开、农村基层群众自治组织的村务公开等都不属于本条所定义的政府信息公开。这里所讲的行政机关是广义的,包括狭义的行政机关和被授权的组织。对于被授权的组织而言,在授权范围内行使职权所形成的信息属于政府信息,在开展自身业务时所形成的信息则不属于本条所定义的政府信息。

政府信息的内容既包括其自身制作的信息,也包括其获取的他人信息,实际上还包括其他主体制作但与行政机关行政管理职能的履行密切相关的信息。政府信息以一定形式记录、保存,也就是说,政府信息必须以一定有形的载体存在;只有被记录、保存下来的信息才属于政府信息,才可能需要公开。

关联法规

《国家知识产权局政府信息公开实施办法(修订)》第2条;《中华人民共和国交通运输部施行〈政府信息公开条例〉办法》第2条

第三条　【政府信息公开的组织领导机关和主管部门】各级人民政府应当加强对政府信息公开工作的组织领导。

国务院办公厅是全国政府信息公开工作的主管部门，负责推进、指导、协调、监督全国的政府信息公开工作。

县级以上地方人民政府办公厅（室）是本行政区域的政府信息公开工作主管部门，负责推进、指导、协调、监督本行政区域的政府信息公开工作。

实行垂直领导的部门的办公厅（室）主管本系统的政府信息公开工作。

条文注释

本条是关于政府信息公开的组织领导机关和主管部门的规定。

本条规定的内容主要体现在以下三个方面：

1. 各级政府需要加强信息公开工作的组织领导，强化各级政府在组织领导工作方面的责任：政府信息公开涉及政府工作的各个方面，既包括同级政府以及相关部门之间的横向组织、协调关系，也包括上级政府对于下级政府的管理领导关系。因此，各级政府都具有组织领导的责任。

2. 明确了各级政府工作主管部门：全国政府信息公开工作的主管部门是国务院办公厅，县级以上地方人民政府办公厅（室）是本行政区域的政府信息公开工作主管部门。

3. 规定了各级政府主管部门的职责权限：政府信息公开工作主管部门是政府信息公开工作的指导者、协调者、督促者，集中体现在推进、指导、协调、监督政府信息公开工作这四个方面。

关联法规

《国务院办公厅关于施行〈中华人民共和国政府信息公开条例〉若干问题的意见》一；《中华人民共和国交通运输部施行〈政府信息公开条例〉办法》第5条；《国家知识产权局政府信息公开实施办法（修订）》第3条

第四条　【工作机构和具体职能】各级人民政府及县级以上人民政府部门应当建立健全本行政机关的政府信息公开工作制度，并指定机构（以下统称政府信息公开工作机构）负责本行政机关政府信息公开的日常工作。

政府信息公开工作机构的具体职能是：

（一）办理本行政机关的政府信息公开事宜；

（二）维护和更新本行政机关公开的政府信息；

（三）组织编制本行政机关的政府信息公开指南、政府信息公开目录和政府信息公开工作年度报告；

（四）组织开展对拟公开政府信息的审查；

（五）本行政机关规定的与政府信息公开有关的其他职能。

条文注释

本条是关于政府信息公开工作机构及其具体职能的规定。

各行政机构应当建立健全政府信息公开工作制度，主要包括主动公开制度、依申请公开制度、政府信息发布协调机制、政府信息公开审查制度以及政府信息公开年度报告制度等。除此之外，行政机关还应当指定机构负责本行政机关政府信息公开的日常工作。设立政府信息公开工作机构，实现一个窗口对外，能极大地便利社会公众获取政府信息，从专业性、技术性和政策性上保证政府信息该公开的公开、不该公开的不公开。

政府信息公开对行政机关来说，是一项具有开创意义的工作，事务众多，程序复杂，非常有必要明确一个工作机构负责政府信息公开的日常工作。本条第 2 款明确了四项具体职责，并规定了一项兜底条款。并非所有的政府信息公开方面的工作都由该工作机构执行，它只是对外代表本行政机关受理申请、发布信息，更多地进行组织工作，在政府信息公开的申请人和制作、保存相关信息的其他内部机构之间进行协调，大量的具体事务需要得到其他内部机构的配合。在实践中，多数人民政府都确定政府办公厅（室）为政府信息公开工作的主管部门，并设立专门的机构具体负责这项工作。

关联法规

《中华人民共和国交通运输部施行〈政府信息公开条例〉办法》第6条

第五条　【公正、公平、便民原则】行政机关公开政府信息，应当坚持以公开为常态、不公开为例外，遵循公正、公平、合法、便民的原则。

条文注释

本条是关于政府信息公开公正、公平、便民原则的规定。

本条中的原则实质上是整个行政法律制度和政府的各种行政活动都必须遵循的基本原则。公正原则是指政府信息公开的各项制度应当符合一般正义的基本要求，如权力监督、损害救济、权责统一、允许受不利影响者陈述申辩等，同时要求行政机关以正当的目的行使公共权力。本条例围绕这一基本原则建立了政府信息公开的考核、评议和监督检查制度，以及政府信息公开的问责制等。

公平原则的核心是保障每个公民、法人和其他组织能够平等地获得政府信息，要求行政机关在信息公开工作中对不同的个人、单位和群体做到不偏袒、不歧视。本条例中，公平原则突出体现在规定了各种信息公开方式和场所、依申请公开中的申请方式以及有关见面费用和提供视听帮助等。

便民原则要求行政机关以最便利的形式向公民提供政府信息，尤其是要简化获得政府信息的各种程序，减少公民、法人和其他组织的物质成本和时间成本。本条例围绕便民原则作了很多制度上的规定，包括对公开方式、公开场所和公开设施的规定，对编制、发布公开指南和公开目录的规定以及申请政府信息的各种灵活方式的规定。

关联法规

《中华人民共和国交通运输部施行〈政府信息公开条例〉办法》第4条；《国家知识产权局政府信息公开施行办法(修订)》第4条

第六条 【及时、准确原则】行政机关应当及时、准确地公开政府信息。

行政机关发现影响或者可能影响社会稳定、扰乱社会和经济管理秩序的虚假或者不完整信息的，应当发布准确的政府信息予以澄清。

条文注释

本条是关于政府信息公开及时、准确原则的规定。

准确性是对政府信息公开的最基本要求，具体表现为以下三个方面：第一，不得公开虚假信息，即政府不得故意通过公布虚假信息欺骗社会公众；第二，避免公开错误信息，即行政机关应当通过各种手段，对公开的政府信息进行核实、检验，避免损害公众利益；第三，澄清虚假信息或不完整信息，即当行政机关发现社会上存在某些虚假信息或者不完整信息已经影响或者可能影响社会稳定、扰乱管理秩序时，应当在其职责范围内发布准确的信息予以澄清。围绕准确公开原则，本条例建立健全了政府信息发布协调机制，并建立了政府信息更正制度和新闻发布会制度。

及时公开原则是对政府信息公开在时间上的要求，具体表现在：第一，用于公开政府信息的方式必须能够做到及时更新，行政机关应当尽可能采用现代技术不断缩小信息形成与信息发布的时间差，提高信息的新鲜度；第二，行政机关公开政府信息必须遵守时限要求。围绕及时公开原则，本条例规定了政府信息公开方式对及时性的保障，并对时限制度和信息更新制度作出了明确规定。

关联法规

《突发事件应对法》第10条；《传染病防治法》第38条；《国家突发公共事件总体应急预案》；《国务院关于全面加强应急管理工作的意见》；《中华人民共和国交通运输部施行〈政府信息公开条例〉办法》第4、7条

第七条 【倡导政府信息公开】各级人民政府应当积极推进政府信息公开工作，逐步增加政府信息公开的内容。

条文注释

本条是关于倡导政府信息公开的规定。

我国政府信息公开制度从开始成立到现在，有一个逐步过渡的过程；而行政机关工作中的宝贵经验，也是在这个过程中不断积累起来的。政府行政工作的广泛性是由其工作本身的性质所决定的；如果随意增加政府信息公开的内容，就太不严肃，太随意了。所以，本条中的“逐步”的意思是必须有一个标准，在这个标准上逐步增加，而不能简单地理解为“在数量上增加”。

第八条 【加强信息化发展】各级人民政府应当加强政府信息资源的规范化、标准化、信息化管理，加强互联网政府信息公开平台建设，推进政府信息公开平台与政务服务平台融合，提高政府信息公开在线办理水平。

条文注释

本条是关于政府信息公开工作中加强信息化发展的规定。

随着网络化、信息化的快速发展，政府服务“网上办、马上办”成为发展的趋势。本条要求各级人民政府加强政府信息资源的规范化、标准化、信息化管理，加强互联网政府信息公开平台建设，推进政府信息公开平台与政务服务平台融合，提高政府信息公开在线办理水平。本条中所说的信息化，是当今社会发展的新技术之一，代表着新的生产力和新的发展方向。我们要把信息化这个新思路运用到政务公开工作中去，从而提升政府信息公开工作的质量和效率。

关联法规

《公共信息资源开放试点工作方案》

第九条　【进行监督】公民、法人和其他组织有权对行政机关的政府信息公开工作进行监督，并提出批评和建议。

条文注释

本条是关于对行政机关的政府信息公开工作进行监督的规定。

根据《宪法》的规定，中华人民共和国公民有权对行政机关的工作提出批评和建议。《宪法》第41条规定："中华人民共和国公民对于任何国家机关和国家工作人员，有提出批评和建议的权利；对于任何国家机关和国家工作人员的违法失职行为，有向有关国家机关提出申诉、控告或者检举的权利，但是不得捏造或者歪曲事实进行诬告陷害。对于公民的申诉、控告或者检举，有关国家机关必须查清事实，负责处理。任何人不得压制和打击报复。由于国家机关和国家工作人员侵犯公民权利而受到损失的人，有依照法律规定取得赔偿的权利。"政府信息公开工作属于行政机关的一项重要工作，所以也要接受公民、法人和其他组织的批评与建议。

关联法规

《宪法》第41条

第二章　公开的主体和范围

第十条　【公开与责任划分】行政机关制作的政府信息，由制作该政府信息的行政机关负责公开。行政机关从公民、法人和其他组织获取的政府信息，由保存该政府信息的行政机关负责公开；行政机关获取的其他行政机关的政府信息，由制作或者最初获取该政府信息的行政机关负责公开。法律、法规对政府信息公开的权限另有规定的，从其规定。

行政机关设立的派出机构、内设机构依照法律、法规对外以自己名义履行行政管理职能的，可以由该派出机构、内设机构负责与所履行行政管理职能有关的政府信息公开工作。

两个以上行政机关共同制作的政府信息,由牵头制作的行政机关负责公开。

条文注释

本条是关于政府信息公开与责任划分的规定。

本条第 1 款是关于政府信息公开权限的一般性规定:(1)明确了"谁制作,谁公开"的原则,即行政机关制作的政府信息,由制作该政府信息的行政机关负责公开。(2)明确了"谁保存,谁公开"的原则,即行政机关从公民、法人和其他组织获取的政府信息,由保存该政府信息的行政机关负责公开。(3)明确了"初始责任原则",即行政机关获取的其他行政机关的政府信息,由制作或者最初获取该政府信息的行政机关负责公开。这是对前面规定的补充。(4)设置了兜底条款,即法律、法规对政府信息公开的权限另有规定的,从其规定。

本条第 2 款是关于特定情况下的特殊规定。在一般情况下,行政管理职能应当由行政机关承担。而法律同时又能授权非行政机关履行行政管理职能,在法律上称这些非行政机关为"法律、法规授权的组织"。从政府信息公开工作的方面来看,任何一个内设机构"负责政府信息公开工作",其实都是可行的。本条例第 4 条规定,行政机关应当指定机构作为本机关的政府信息公开工作机构,负责本行政机关的政府信息公开的日常工作。

本条第 3 款是关于共同制作的政府信息责任公开的规定,即由牵头制作的行政机关负责公开。

关联法规

《农产品质量安全法》第 7 条;《传染病防治法》第 38 条;《中华人民共和国交通运输部施行〈政府信息公开条例〉办法》第 16 条;《重大动物疫情应急管理条例》第 20 条

第十一条 【政府信息发布协调机制】行政机关应当建立健全政府信息公开协调机制。行政机关公开政府信息涉及其他机关的,应当与有关机关协商、确认,保证行政机关公开的政府信息准确一致。

行政机关公开政府信息依照法律、行政法规和国家有关规定需要批准的,经批准予以公开。

条文注释

本条是关于政府信息发布协调机制的规定。

在信息社会中,如果行政机关公开的政府信息之间相互冲突,会使公民、法人或其他组织无所适从,甄别信息不但增加了决策的成本,还可能因判断错误作出不当决定而遭受损失,损害政府形象;因此为了切实履行提供优质服务的职责,行政机关必须保证公开的政府信息准确一致。本条从两方面进行了规定:一是要求建立健全政府信息公开协调机制。上级行政机关与下级行政机关、同级的不同行政机关的职权方面往往存在交叉情形,这些方面的政府信息有时候会涉及两个或者两个以上的行政机关。为保证公开的政府信息具有一致性,在公开之前,拟公开政府信息的行政机关应当通过相关的信息沟通平台,与有关机关协商、确认,保证有关机关发布的政府信息准确一致。二是行政机关公开某些政府信息要依照法律、行政法规并需遵守规定的批准程序。对于一些涉及面广、社会影响大的政府信息,根据国家有关规定,行政机关不能自行决定是否公开,而应当在公开前报请上级行政机关审查,经批准才能公开。

关联法规

《地质灾害防治条例》第 11 条;《国务院办公厅关于施行〈中华人民共和国政府信息公开条例〉若干问题的意见》二

第十二条　【政府信息公开程序】行政机关编制、公布的政府信息公开指南和政府信息公开目录应当及时更新。

政府信息公开指南包括政府信息的分类、编排体系、获取方式和政府信息公开工作机构的名称、办公地址、办公时间、联系电话、传真号码、互联网联系方式等内容。

政府信息公开目录包括政府信息的索引、名称、内容概述、生成日期等内容。

条文注释

本条是关于政府信息公开程序的规定。

本条将政府信息公开程序具体化，规定了政府信息公开工作的基本载体及其内容。本条第1款是关于编制政府信息公开指南和政府信息公开目录的规定；其充分借鉴了国外立法，同时也是对地方立法和已有成熟经验的总结和提升。另外，该规定有利于公民、法人和其他组织迅速、低成本、有效地查阅、获取政府信息，充分发挥政府信息对人民群众生产、生活和经济社会活动的服务作用；有利于降低行政成本，提高行政效率。编制、公布政府信息公开指南和政府信息公开目录是本条例对政府机关的强制性义务规定。根据本条第2款的规定，政府信息公开指南主要包括两部分内容：获取政府信息相关的常识性内容和与政府信息公开工作机构有关的各项信息。政府信息公开目录是公众查阅、检索政府信息的工具。本条的规定充分体现了行政明确性原则，使政府信息公开制度更具有可了解性、可预见性和可审查性。

关联法规

《中华人民共和国交通运输部施行〈政府信息公开条例〉办法》第18条

第十三条　【公开方式】除本条例第十四条、第十五条、第十六条规定的政府信息外，政府信息应当公开。

行政机关公开政府信息，采取主动公开和依申请公开的方式。

第十四条 【公开豁免】依法确定为国家秘密的政府信息，法律、行政法规禁止公开的政府信息，以及公开后可能危及国家安全、公共安全、经济安全、社会稳定的政府信息，不予公开。

条文注释

本条是关于国家秘密等公开豁免情况的规定。

政府信息公开以落实和保障公民知情权为第一要务，旨在实现公民的言论自由权、监督权等多项基本权利。因此，政府信息公开制度的建构应当始终坚持权利本位。但是，对个人权利的实现和保障应该建立在保证公共利益的基础上，公共利益的损失最终仍将体现为每个社会成员个体利益的损失。为了平衡政府信息公开过程中的各种利益，一方面规定信息公开不得泄露国家秘密及法律、行政法规禁止公开的内容，另一方面也规定了不得公开危及公共利益的政府信息。此处所称的公共利益，主要包括国家安全、公共安全、经济安全和社会稳定四个方面。

关联法规

《保守国家秘密法》第2、4、18、19条；《国家安全法》第2条

第十五条 【第三方合法权益豁免】涉及商业秘密、个人隐私等公开会对第三方合法权益造成损害的政府信息，行政机关不得公开。但是，第三方同意公开或者行政机关认为不公开会对公共利益造成重大影响的，予以公开。

条文注释

本条是关于第三方合法权益豁免的规定。

对于商业秘密、个人隐私的信息，要视情况而定，并不是一律不许公开，要看公开后可能造成的结果。如果公开会对第三方合法权益造成损害，行政机关不得公开。值得注意的是，造成损害的必须是合法的权益，如果不合法则不能适用本条。同时，如果是基于公共利益的需要，即使涉及第三方的合法权益，涉及商业秘密、个人隐私的信息也可以公开。

第十六条　【内部事务信息和过程性信息豁免】行政机关的内部事务信息，包括人事管理、后勤管理、内部工作流程等方面的信息，可以不予公开。

行政机关在履行行政管理职能过程中形成的讨论记录、过程稿、磋商信函、请示报告等过程性信息以及行政执法案卷信息，可以不予公开。法律、法规、规章规定上述信息应当公开的，从其规定。

条文注释

本条是关于内部事务信息和过程性信息豁免的规定。

内部事务信息的概念非常宽泛；如果简单地规定属于内部事务的信息可以不予公开，在实践中可能造成误解。只有人事管理、后勤管理、内部工作流程这三方面的信息属于行政机关的内部事务信息。其他信息原则上不能归入内部事务信息中。

过程性信息包括：讨论记录、过程稿、磋商信函和请示报告。除这四类之外，其他信息一般不属于过程性信息。行政执法案卷信息与过程性信息具有高度相似性，所以并列规定在本条第2款中。

第十七条　【公开审查机制】行政机关应当建立健全政府信息公开审查机制，明确审查的程序和责任。

行政机关应当依照《中华人民共和国保守国家秘密法》以及其他法律、法规和国家有关规定对拟公开的政府信息进行审查。

行政机关不能确定政府信息是否可以公开的，应当依照法律、法规和国家有关规定报有关主管部门或者保密行政管理部门确定。

条文注释

本条是关于政府信息公开审查机制的规定。

政府信息公开审查机制，是指行政机关在处理政府信息公开申请过程中，在作出是否公开的决定之前，以某种方式对相关政府信息予以审查。审查的依据不仅要参考本条例的规定，同时还要结合其他法律进行综合考虑。涉及国家秘密的，要参考《保守国家秘密法》综合审查。行政机关不能确定政府信息是否可以公开的，可以报有关主管部门请示，也可以征求保密等行政管理部门的意见。需要注意的是，上级机关的指示或者职能部门对个案提出的处理意见，在不具有法律效力的情况下，不能作为处理决定的依据。但上级机关依照法定的权限和程序作出的具有普遍约束力的法规解释，则可以成为行政机关作出处理的依据。

关联法规

《保守国家秘密法》

第十八条 【动态调整机制】行政机关应当建立健全政府信息管理动态调整机制，对本行政机关不予公开的政府信息进行定期评估审查，对因情势变化可以公开的政府信息应当公开。

条文注释

本条是关于政府信息管理动态调整机制的规定。

研判时的具体情况决定了政府信息是否公开。政府信息管理动态调整机制能让之前不予公开的政府信息，在一段时间后可能予以公开。

政府信息管理动态调整机制要求对不予公开的政府信息进行定期评估审查，这种定期评估审查的期限应由各行政机关根据自身行政情况确定，半年、一年、两年均可；政府信息的内容和政府信息公开申请的数量等情况，在定期审查时也要考虑到。

本条中所规定的定期评估审查的对象主要包括两方面内容：一方面是在依申请公开工作中禁止公开的政府信息；另一方面是行政机关新制作的或在制作过程中确定为暂不公开的政府信息。

第三章　主动公开

第十九条　【主动公开的原则】对涉及公众利益调整、需要公众广泛知晓或者需要公众参与决策的政府信息，行政机关应当主动公开。

条文注释

本条是关于主动公开的原则性规定。

主动公开，是指对涉及公众利益调整、需要公众广泛知晓或者需要公众参与决策的政府信息，各级行政机关采用适当的方式，在各自的职权范围内，按照规定的程序，主动向社会公开。根据本条的规定，行政机关对符合以下要求的政府信息应当主动公开：(1)涉及公众利益调整的政府信息。(2)需要公众广泛知晓或者需要公众参与决策的政府信息。其中包括因公众知情权保障、行使的需要而主动公开的信息和为行政立法、决策过程中公众参与所需而主动公开的政府信息。

关联法规

《中共中央办公厅、国务院办公厅关于进一步推行政务公开的意见》

第二十条　【主动公开的政府信息】行政机关应当依照本条例第十九条的规定，主动公开本行政机关的下列政府信息：

（一）行政法规、规章和规范性文件；

（二）机关职能、机构设置、办公地址、办公时间、联系方式、负责人姓名；

（三）国民经济和社会发展规划、专项规划、区域规划及相关政策；

（四）国民经济和社会发展统计信息；

（五）办理行政许可和其他对外管理服务事项的依据、条件、程序以及办理结果；

（六）实施行政处罚、行政强制的依据、条件、程序以及本行政机关认为具有一定社会影响的行政处罚决定；

（七）财政预算、决算信息；

（八）行政事业性收费项目及其依据、标准；

（九）政府集中采购项目的目录、标准及实施情况；

（十）重大建设项目的批准和实施情况；

（十一）扶贫、教育、医疗、社会保障、促进就业等方面的政策、措施及其实施情况；

（十二）突发公共事件的应急预案、预警信息及应对情况；

（十三）环境保护、公共卫生、安全生产、食品药品、产品质量的监督检查情况；

（十四）公务员招考的职位、名额、报考条件等事项以及录用结果；

（十五）法律、法规、规章和国家有关规定规定应当主动公开的其他政府信息。

条文注释

本条是关于法定主动公开政府信息内容的规定。

本条规定有两层含义：一是要求行政机关依照本条例第 19 条的规定，在职责范围内确定主动公开的政府信息的具体内容。二是具体列举了行政机关应当公开的政府信息的内容。具体有以下十五项内容：

1. 行政法规、规章和规范性文件。

规范性文件规范行政机关的行政行为，对于公民、法人和其他组织也具有约束力，应当在实施前对外公开。

2. 机关职能、机构设置、办公地址、办公时间、联系方式、负责人姓名。

根据本条第 2 项的规定，行政机关应当公开的机关简介的内容有：机关职能、机构设置、办公地址、办公时间、联系方式、负责人姓名。机关职能是指机构编制部门批复的本行政机关工作职责，以及法律法规或者上级机关设定的工作职责。机构设置是指本行政机关内设机构情况以及各类下属单位的情况。办公地址是指机关本部办公地址、各类下属单位和分支机构的办公地址等。办公时间是指本行政机关正式办公的时间；办事服务时间与正式办公时间不一致的，应当作出说明。联系方式是指本行政机关对外联系的有效方式，包括电话、传真、电子邮箱等。负责人姓名是指本行政机关负责人的姓名，如正职、副职以及其他领导成员等的姓名。

3. 国民经济和社会发展规划、专项规划、区域规划及相关政策。

根据国家有关规定，编制规划要充分发扬民主，广泛听取社会公众和专家学者的意见，除法律、行政法规另有规定和涉及国家秘密的以外，规划经法定程序批准后应当及时公布。

4. 国民经济和社会发展统计信息。

国家统计局和省、自治区、直辖市的人民政府统计机构依照国家规定，定期公布统计资料。

5. 办理行政许可和其他对外管理服务事项的依据、条件、程序以及办理结果。

行政许可包含以下两点：一是行政许可和其他管理服务事项的依据、条件和程序，是相对规范的内容；二是办理结果，是一种动态结果。

6. 实施行政处罚、行政强制的依据、条件、程序以及本行政机关认为具有一定社会影响的行政处罚决定。

与行政许可决定原则上一律公开不同，只有具有一定社会影响的行政处罚决定才需要公开；而这些适宜公开的信息应由行政机关自行决定，各级政府信息公开工作主管部门可以发布相应的规范性文件。

7. 财政预算、决算信息。

各级政府及其部门应当将财政预算、决算信息及时向社会公开，促进人民群众对政府财政行为的监督，保障人民群众的知情权和参与权。

8. 行政事业性收费项目及其依据、标准。

收费单位应在收费地点的显著位置公示收费项目、收费文件依据、收费标准等，接受社会监督。

9. 政府集中采购项目的目录、标准及实施情况。

国家制定了《政府采购法》，确立了公开透明、公平竞争、公正和诚实信用的四项基本采购原则。根据该法的规定，属于中央预算和地方预算的政府采购项目，其集中采购目录和政府采购限额标准，分别由国务院和省、自治区、直辖市人民政府或者其授权的机构确定并公布。

10. 重大建设项目的批准和实施情况。

行政机关在重大建设项目的审批和建设过程中，应当根据国家有关规定，按照法定程序和方式，发布招标公告，提供载有招标工程的主要技术要求、主要的合同条款、评标的标准和方法以及开标、评标、定标的程序等内容的招标文件，通过公开公平的竞争保证建设质量。

11. 扶贫、教育、医疗、社会保障、促进就业等方面的政策、措施及其实施情况。

公开此类信息是为了优化公共资源配置，健全公共服务体系，为广大人民群众提供完善的公共服务。

12. 突发公共事件的应急预案、预警信息及应对情况。

突发公共事件的信息发布应当及时、准确、客观、全面。事件发生的第一时间要向社会发布简要信息，随后发布初步核实情况、政府应对措施和公共防范措施等，并根据事件迟滞情况做好后续发布工作。

13. 环境保护、公共卫生、安全生产、食品药品、产品质量的监督检查情况。

有关行政机关应当在其职权范围内依法开展监督检查并公告检查的结果。这既是保护广大人民切身利益的需要，也是履行行政管理职责的具体体现。

14. 公务员招考的职位、名额、报考条件等事项以及录用结果。

按照要求，各行政机关应当公开公务员招考的职位、名额、报考条件等事项以及录用结果，这是每年的动态信息。

15. 法律、法规、规章和国家有关规定规定应当主动公开的其他政府信息。

不同的行政机关，根据其所负责执行的法律、法规和规章，在主动公开政府信息方面也相应有所不同。各行政机关应当自行把握，逐一确认应当主动公开的信息。

关联法规

《城乡规划法》第8条;《行政事业性收费标准管理办法》第25、26条;《政府采购法》第7、11、63条;《行政许可法》第5、30条;《水污染防治法》第25条;《固体废物污染环境防治法》第29条;《水法》第16条;《农产品质量安全法》第7条;《中华人民共和国交通运输部施行〈政府信息公开条例〉办法》第10条;《国家知识产权局政府信息公开实施办法(修订)》第5条;《救灾捐赠管理办法》第32条

第二十一条 【主动公开信息的补充规定】除本条例第二十条规定的政府信息外,设区的市级、县级人民政府及其部门还应当根据本地方的具体情况,主动公开涉及市政建设、公共服务、公益事业、土地征收、房屋征收、治安管理、社会救助等方面的政府信息;乡(镇)人民政府还应当根据本地方的具体情况,主动公开贯彻落实农业农村政策、农田水利工程建设运营、农村土地承包经营权流转、宅基地使用情况审核、土地征收、房屋征收、筹资筹劳、社会救助等方面的政府信息。

条文注释

本条是关于主动公开信息的补充规定的规定。

在实践中,行政机关可能会公开比法定要求更多的信息;因为法律的功能本身是有限的,作为强制性的法定要求,更多是停留在基础或是兜底的水平上。更高程度的公开,还需要通过行政机关的自觉来实现:不仅行政机关可以自身主动作为,也可以是行政系统自上而下的推动。

因此,在本条例第20条的基础上结合设区的市、县和乡镇的职责范围、业务特点,要求相应层级的行政机关更多地公开相应的政府信息。

关联法规

《中共中央办公厅、国务院办公厅关于进一步推行政务公开的意见》

第二十二条 【不断增加主动公开的内容】行政机关应当依照本条例第二十条、第二十一条的规定，确定主动公开政府信息的具体内容，并按照上级行政机关的部署，不断增加主动公开的内容。

条文注释

本条是关于不断增加主动公开的内容的规定。

在本条例第20、21条的基础上，本条进一步要求各行政机关应当按照上级行政机关的部署，不断增加主动公开的内容，这可以理解为加强工作落实的规定。

第二十三条 【主动公开的途径】行政机关应当建立健全政府信息发布机制，将主动公开的政府信息通过政府公报、政府网站或者其他互联网政务媒体、新闻发布会以及报刊、广播、电视等途径予以公开。

条文注释

本条是关于主动公开的途径的规定。

行政机关主动公开的政府信息，涉及公民、法人或者其他组织切身利益，需要社会公众广泛知晓或者参与的信息，对于反映本行政机关机构设置、职能、办事程序或者参与的信息，应当采取合适的方式及时公开。主动公开政府信息的方式包括以下几种：

1. 政府公报。政府公报是各级政府办公厅主办，刊载国家法律、法规和文件的政府出版物，是《立法法》规定公布行政法规、规章的法定形式。

2. 政府网站。2006年1月1日中央政府门户网站正式开通，标志着由中央政府门户网站、国务院部门网站、地方各级人民政府及其部门网站组成的政府网站体系基本形成。

3. 互联网政务媒体，是指各级行政机关、承担行政职能的事业单位及其内设机构在微博、微信等第三方平台上开设的政务账号或应用，以及自行开发建设的移动客户端等。

4. 新闻发布会。政府新闻发布会制度的建立与完善是建设社会主义执政文明的要求，是建设服务型政府、推行政务公开的需要，是政府调解公共关系、处理公共事务的手段，也是政府主动沟通媒体、加强舆论引导的重要途径。

5. 报纸、杂志、广播、电视等新闻媒体。新闻媒体也是政府信息发布的重要渠道。

关联法规

《中共中央办公厅、国务院办公厅关于进一步推行政务公开的意见》；《中华人民共和国交通运输部施行〈政府信息公开条例〉办法》第14条

第二十四条 【政府信息公开平台】各级人民政府应当加强依托政府门户网站公开政府信息的工作，利用统一的政府信息公开平台集中发布主动公开的政府信息。政府信息公开平台应当具备信息检索、查阅、下载等功能。

条文注释

本条是关于政府信息公开平台的规定。

为了强化便民服务要求、提高政府信息公开实效，本条规定依托政府门户网站，逐步建立具备信息检索、查阅、下载等功能的统一政府信息公开平台。同时，要提升政府信息公开的在线服务水平，加强依托政府门户网站公开政府信息的工作，利用具备信息检索、查阅、下载等功能的统一政府信息公开平台集中发布主动公开的政府信息。

第二十五条 【政府信息公开的场所】各级人民政府应当在国家档案馆、公共图书馆、政务服务场所设置政府信息查阅场所，并配备相应的设施、设备，为公民、法人和其他组织获取政府信息提供便利。

行政机关可以根据需要设立公共查阅室、资料索取点、信息公告栏、电子信息屏等场所、设施，公开政府信息。

行政机关应当及时向国家档案馆、公共图书馆提供主动公开的政府信息。

条文注释

本条是关于政府信息公开的场所的规定。

根据本条规定,政府公开信息的场所可以分为两种:必须设置的场所和可以设置的场所。必须设置的场所包括公共图书馆、政务服务场所和国家档案馆;因为这三个地方保存了大量的政府信息,具有保管和公开政府信息的能力,其公益属性保证其能够为公众提供普遍的信息服务。各级人民政府在这三个地方设置的政府信息查询设施可以是公共查阅室、资料索取点、信息公告栏等,也可以是电子信息屏和电脑查询终端等现代设施,同时还应提供下载、复印、拷贝等用于保存信息的服务。除这三个地方之外,行政机关还可以根据需要设立其他信息公开场所,目前主要有行政服务中心、行政机关办公场所、基层群众组织活动场所以及其他公共场所。其中行政服务中心是地方各级人民政府用于集中办理行政事项、提供公共服务的场所。其最主要的业务是办理各种行政许可事项;目前已经成为人民群众与政府打交道的重要场所,成为公众接触政府的最主要"窗口"。

关联法规

《档案法》第4章;《中华人民共和国交通运输部施行〈政府信息公开条例〉办法》第15条

第二十六条　【主动公开时限】属于主动公开范围的政府信息,应当自该政府信息形成或者变更之日起20个工作日内及时公开。法律、法规对政府信息公开的期限另有规定的,从其规定。

条文注释

本条是关于主动公开时限的规定。

本条规定的主动公开时限有两种情况:一是法律、法规对特定的政府信息公开期限另有规定的,从其规定;这是主动公开政府信息时限的特殊规定。二是法律、法规没有规定政府信息的公开时限,且属于主动公开范围的政府信息,应当自该政府信息形成或者变更之日起20个工作日内及时公开;这是主动公开政府信息时限的一般规定。

第四章　依申请公开

第二十七条　【依申请获取政府信息的范围】除行政机关主动公开的政府信息外,公民、法人或者其他组织可以向地方各级人民政府、对外以自己名义履行行政管理职能的县级以上人民政府部门(含本条例第十条第二款规定的派出机构、内设机构)申请获取相关政府信息。

条文注释

本条是关于依申请获取政府信息的范围的规定。

政府信息量大且面广,涉及社会生产、生活各个方面。为保障公民、法人或者其他组织申请获取政府信息、充分发挥政府信息对经济社会生活的服务作用,有必要对依公民、法人和其他组织申请公开政府信息作出规定。规定公民、法人或者其他组织可以向地方各级人民政府、对外以自己名义履行行政管理职能的县级以上人民政府部门申请获取相关政府信息。依申请公开政府信息制度的主要内容包括:

一是申请公开政府信息的方式。申请获取政府信息应采用书面形式。申请应包括申请人的姓名或者名称、联系方式,申请公开的政府信息的内容描述和申请公开的政府信息的形式要求。

二是答复申请的期限。行政机关受到政府信息公开申请后,能够当场答复的,应当当场予以答复;延长答复的期限最长不得超过15个工作日。

三是征求第三方意见。行政机关认为申请公开的政府信息涉及商业秘密、个人隐私,公开后可能损害第三方合法权益的,应当书面征求第三方的意见;第三方不同意公开的,不得公开。但是,行政机关认为不公开可能对公共利益造成重大影响的，应当予以公开，并将理由书面通知第三方。

四是申请公开政府信息的收费。行政机关依申请提供政府信息，除可以收取检索、复制、邮寄等成本费用外，不得收取其他费用。申请公开政府信息的公民确有经济困难的，经本人申请、政府信息公开工作机构负责人审核同意的，可以减免相关费用。

五是政府信息公开申请的答复。属于公开范围的，应当告知申请人获得该政府信息的方式和途径。属于不公开范围的，应当告知申请人并说明理由。

依申请公开和主动公开是政府信息公开的两种方式，两者之间既有区别也有联系。两者的区别主要体现在：

一是公开政府信息的动因不同。所谓主动公开，就是行政机关根据法律的规定和本行政机关的职权，在政府信息形成后，主动向社会公开有关信息内容，是行政机关主动实施的信息公开行为。依申请公开是行政机关根据公民、法人和其他组织的申请，依法提供掌握的政府信息，行政机关审查并公开政府信息的前提是公民、法人和其他组织提出政府信息公开申请。

二是制度设立的功能不同。主动公开是为了满足社会公众普遍的信息需求，公开的是涉及公民、法人或者其他组织切身利益，需要社会公众广泛知晓或者参与，反映本行政机构设置、职能、办事程序等情况以及其他依照法律、法规和国家有关规定设定的应当主动公开的政府信息，是行政机关对社会公众的点对面服务。依申请公开制度是为了满足公民、法人或者其他组织自身生产、生活、科研等特殊的信息需求，是行政机关对有特殊需要人群的点对点服务。

三是行政机关提供政府信息的途径不同。对于主动公开的政府信息，行政机关应当通过政府公报、政府网站、新闻发布会以及报纸、杂志、广播、电视等便于公众知晓的方式公开。对于依申请公开的政府信息，行政机关应当按照申请人要求的形式予以提供。无法按照申请人要求的形式提供的，可以通过安排申请人查阅相关资料、提供复制件或者其他适当形式提供。

四是对于主动公开政府信息，行政机关不得收取费用；对于依申请公开，考虑到行政机关为申请人提供信息花费一定人力、物力，行政机关可以按照条例的规定收取检索、复制、邮寄等成本费用。

第二十八条 【政府信息公开申请渠道】本条例第二十七条规定的行政机关应当建立完善政府信息公开申请渠道，为申请人依法申请获取政府信息提供便利。

条文注释

本条是关于政府信息公开申请渠道的规定。

政府信息公开申请渠道的建立与完善，一是要保持渠道的畅通，二是要多渠道为申请人依法申请获取政府信息提供便利。如果政府信息公开渠道不畅通，政府公开法律关系就无从开展。同时，政府信息公开申请的方式越来越多，如传真、邮政寄送、电子邮件、在线平台、现场提交等都是潜在的渠道。

关联法规

《国务院办公厅政府信息与政务公开办公室关于政府信息公开申请接收渠道问题的解释》

第二十九条 【公民、法人或者其他组织如何提出政府信息公开申请】公民、法人或者其他组织申请获取政府信息的，应当向行政机关的政府信息公开工作机构提出，并采用包括信件、数据电文在内的书面形式；采用书面形式确有困难的，申请人可以口头提出，由受理该申请的政府信息公开工作机构代为填写政府信息公开申请。

政府信息公开申请应当包括下列内容：

（一）申请人的姓名或者名称、身份证明、联系方式；

（二）申请公开的政府信息的名称、文号或者便于行政机关查询的其他特征性描述；

（三）申请公开的政府信息的形式要求，包括获取信息的方式、途径。

条文注释

本条是关于公民、法人或者其他组织如何提出政府信息公开申请的规定。

首先，申请获取政府信息的一般形式要件是书面形式。

其次，在特定情形下，政府信息公开申请也可以通过口头形式提出。这一例外规定也突出体现了以人为本的理念和便民原则，充分反映了关心弱势群体的立法宗旨。这一规定主要包括三层含义：一是采用书面形式确有困难的公民可以通过口头形式提出政府信息公开申请。二是采取口头形式申请的，必须由受理该申请的政府信息公开工作机构代为填写政府信息公开申请。三是代为填写政府信息公开申请的工作机构必须如实记录申请人有关申请内容，申请人应当对此确认无误。

最后，申请的实质要件有以下三点：第一，政府信息公开申请需要提供申请人的姓名或者名称、身份证明、联系方式。第二，政府信息公开申请中应当有申请公开的名称、文号或者便于行政机关查询的其他特征性描述。第三，申请人在政府信息公开申请中应当列明申请公开的政府信息的形式要求，包括获取信息的方式、途径。

关联法规

《中华人民共和国交通运输部施行〈政府信息公开条例〉办法》第20条

第三十条　【补正程序】政府信息公开申请内容不明确的，行政机关应当给予指导和释明，并自收到申请之日起7个工作日内一次性告知申请人作出补正，说明需要补正的事项和合理的补正期限。答复期限自行政机关收到补正的申请之日起计算。申请人无正当理由逾期不补正的，视为放弃申请，行政机关不再处理该政府信息公开申请。

条文注释

本条是关于补正程序的规定。

适用补正程序需要注意以下五点：

第一，并不是所有政府信息公开申请内容不明确的问题都要适用补正程序；如果采用书面形式或者口头提出就可以说明申请内容的，就不需要采取补正程序。

第二，在时间要求上必须是符合“收到申请之日起7个工作日内”的要求；如果超过了这个时间的限制，就不能再适用补正程序。

第三，正式的补正程序必须通过书面方式实施。口头提出虽然可以起到补正程序的作用，但不能和书面方式同等效力。

第四，申请人按要求补正后，重新计算政府信息公开处理的期限。

第五，申请人无正当理由逾期不补正的，视为放弃申请；行政机关不再处理该政府信息公开申请，也不需要另行通知申请人。或者申请人提交的申请内容中没有联系方式等关键信息的，也会被作为放弃政府信息公开申请处理。即使申请人再次申请同一个政府信息，行政机关参照有关规定，也可以拒绝处理。

第三十一条　【申请时间的确定】行政机关收到政府信息公开申请的时间，按照下列规定确定：

（一）申请人当面提交政府信息公开申请的，以提交之日为收到申请之日；

（二）申请人以邮寄方式提交政府信息公开申请的，以行政机关签收之日为收到申请之日；以平常信函等无需签收的邮寄方式提交政府信息公开申请的，政府信息公开工作机构应当于收到申请的当日与申请人确认，确认之日为收到申请之日；

（三）申请人通过互联网渠道或者政府信息公开工作机构的传真提交政府信息公开申请的，以双方确认之日为收到申请之日。

条文注释

本条是关于行政机关收到政府信息公开申请时间的确定的规定。

政府信息公开申请处理期限的时间点是“收到申请之日”。这直接关系着政府信息公开申请处理责任的开始。本条对于三种情况，明确了相应的规定：

1. 申请人当面申请的,以提交之日为收到申请之日。

2. 申请人以邮寄方式寄送的,有两种具体情况。第一种情况是以行政机关签收之日,视为收到申请之日。需要注意的是,签收的主体为行政机关。只要行政机关签收,即为收到。第二种情况是以平常信函等无须签收的邮寄方式寄送的,不能以行政机关实际上已经收到视为法律上的收到,应当由政府信息公开工作机构收到申请的当日与申请人确认,以确认之日为收到申请之日。需要注意的是,这里所说的确认,并不是申请人确认,也不需要申请人同意。

3. 申请人通过互联网渠道或者政府信息公开工作机构的传真提交政府信息公开申请的,需要行政机关政府信息公开工作机构与申请人进行确认,以双方确认之日为收到申请之日。

政府信息公开的处理期限,从本条规定的收到申请之日的次日开始起算。

关联法规

《国务院办公厅政府信息与政务公开办公室关于政府信息公开期限有关问题的解释》

第三十二条 【征求第三方的意见】依申请公开的政府信息公开会损害第三方合法权益的,行政机关应当书面征求第三方的意见。第三方应当自收到征求意见书之日起15个工作日内提出意见。第三方逾期未提出意见的,由行政机关依照本条例的规定决定是否公开。第三方不同意公开且有合理理由的,行政机关不予公开。行政机关认为不公开可能对公共利益造成重大影响的,可以决定予以公开,并将决定公开的政府信息内容和理由书面告知第三方。

条文注释

本条是关于征求第三方的意见的规定。

本条通过书面征求第三方意见的制度,在保护第三方合法权益的前提下,保障了政府信息最大限度地公开。本条的规定主要包括五个方面的含义：

一是本条的规定适用于依申请公开的政府信息。

二是书面征求第三方意见的前提是行政机关认为申请公开的政府信息公开会损害第三方合法权益的。

三是征求第三方意见的形式要件是书面形式。

四是第三方应当自收到征求意见书之日起15个工作日内提出意见；逾期没有提出意见的，行政机关有权依照本条例的规定决定是否公开。但是，第三方有合理的理由不同意公开的，行政机关应当遵从第三方意见不予公开。

五是必须坚持公共利益优先原则。行政机关认为若一些政府信息不公开会对公共利益造成重大影响，可以决定予以公开。

此外，为了保障受损害的第三方的知情权，以及第三方意见未被采纳时可以行使相应的救济权，行政机关还应当将决定公开的政府信息内容和理由书面通知第三方。

第三十三条　【行政机关答复政府信息公开申请人的时限】行政机关收到政府信息公开申请，能够当场答复的，应当当场予以答复。

行政机关不能当场答复的，应当自收到申请之日起20个工作日内予以答复；需要延长答复期限的，应当经政府信息公开工作机构负责人同意并告知申请人，延长的期限最长不得超过20个工作日。

行政机关征求第三方和其他机关意见所需时间不计算在前款规定的期限内。

条文注释

本条是关于行政机关答复政府信息公开申请人的时限的规定。

本条规定的时限制度是为了保证行政机关及时答复申请人、提高政府信息公开的效率，而提出的时间上的要求。规定时限制度，既可以促进行政机关提高办事效率，也可以防止办事不认真、答复不及时等侵害公民、法人或者其他组织的合法权益的问题。

关联法规

《国家知识产权局政府信息公开实施办法(修订)》第21、23条

第三十四条 【征求相关行政机关的意见】申请公开的政府信息由两个以上行政机关共同制作的,牵头制作的行政机关收到政府信息公开申请后可以征求相关行政机关的意见,被征求意见机关应当自收到征求意见书之日起15个工作日内提出意见,逾期未提出意见的视为同意公开。

条文注释

本条是关于征求相关行政机关的意见的规定。

本条规定,申请公开的政府信息由两个以上行政机关共同制作的,牵头制作的行政机关收到政府信息公开申请后可以征求相关行政机关的意见。但并不是说非要符合"共同制作"这一条件才可以征求相关行政机关的意见。在实践中,有很多情况会涉及其他行政机关,行政机关可以去征求相关行政机关的意见。值得注意的是,其他情况下的征求意见,并不适用本条所说的15日期限中止的规定和默示同意的规定。

被征求意见的机关提出意见的期限是15日,政府信息公开期限在这个期限内中止。被征求意见机关逾期未提出意见的,视为同意公开。

第三十五条 【特殊措施】申请人申请公开政府信息的数量、频次明显超过合理范围,行政机关可以要求申请人说明理由。行政机关认为申请理由不合理的,告知申请人不予处理;行政机关认为申请理由合理,但是无法在本条例第三十三条规定的期限内答复申请人的,可以确定延迟答复的合理期限并告知申请人。

条文注释

本条是关于特殊措施的规定。

与一般的豁免条款不同的是,本条是针对特殊情况作出的特殊处

理。至于这个特殊的情况，就是本条所规定的“申请人申请公开政府信息的数量、频次明显超过合理范围”，合理范围需要相关行政机关结合具体情况作出适当的处理。

对于符合本条特殊措施的，行政机关有两种处理方式：认为申请理由不合理的，告知申请人不予处理；无法在规定的期限内答复申请人的，可以确定延迟答复的合理期限并告知申请人。

第三十六条　【对政府信息公开申请的答复】对政府信息公开申请，行政机关根据下列情况分别作出答复：

（一）所申请公开信息已经主动公开的，告知申请人获取该政府信息的方式、途径；

（二）所申请公开信息可以公开的，向申请人提供该政府信息，或者告知申请人获取该政府信息的方式、途径和时间；

（三）行政机关依据本条例的规定决定不予公开的，告知申请人不予公开并说明理由；

（四）经检索没有所申请公开信息的，告知申请人该政府信息不存在；

（五）所申请公开信息不属于本行政机关负责公开的，告知申请人并说明理由；能够确定负责公开该政府信息的行政机关的，告知申请人该行政机关的名称、联系方式；

（六）行政机关已就申请人提出的政府信息公开申请作出答复、申请人重复申请公开相同政府信息的，告知申请人不予重复处理；

（七）所申请公开信息属于工商、不动产登记资料等信息，有关法律、行政法规对信息的获取有特别规定的，告知申请人依照有关法律、行政法规的规定办理。

条文注释

本条是关于对政府信息公开申请的答复的规定。

本条规定的七项具体条文总结一下可以分为四种不同的处理方

式,分别为:予以公开、不予公开、无法提供、不予处理。

本条第1项规定,所申请公开信息已经主动公开的,告知申请人获取该政府信息的方式、途径。本项为“予以公开”的一种处理方式。即使是尚未公开的政府信息,在有人提出申请的时候,如果可以予以公开,也可以采用本项的这种方式对社会普遍公开并告知申请人获取该政府信息的方式、途径。

本条第2项分为两种类型:一种是所申请公开信息可以公开的,向申请人提供该政府信息。如果是方便提供给申请人,应当请申请人签署相应的接收回执,作为记录与证明。另一种是告知申请人获取该政府信息的方式、途径和时间。告知应当采用书面的形式。同时本项也属于“予以公开”的处理方式。

本条第3项规定的行政机关作出不予公开的决定,需要援引本条例的豁免条款作为法律依据,具体请参考本条例第14~16条的内容。本项属于“不予公开”的处理方式。

本条第4项可以归为“无法提供”的处理方式。理解本项时需要把握住两点。第一,“政府信息不存在”分为几种情况:是完全不存在,还是零星存在,抑或应当存在但事实不存在,如下级向上级报告工作因为种种原因没有上报等。这些都需要具体的问题根据相关的规定来办理。第二,对于“检索”的理解,行政机关不需要通过特别的程序来说明已经完成了检索的任务;但如果行政机关因为怠于检索,或者因为失误造成不良后果的,应当由政府信息公开工作主管部门进行追责。

本条第5项适用于本行政机关不持有但其他行政机关负责公开该政府信息的情况。本质上也可归为“无法提供”的处理方式。

本条第6项规定,如果行政机关已就申请人提出的政府信息公开申请作出答复、申请人重复申请公开相同政府信息,告知申请人不予重复处理。但是如果申请人重复申请的行为有合理的解释或者另有原因,行政机关也可以再次为其提供政府信息。本项也是“不予处理”的处理方式。

本条第7项是“不予处理”的处理方式,申请人申请获取这方面信息的,行政机关应当告知申请人依照有关法律、行政法规的规定办理,行政机关不作为政府信息公开申请予以处理。

关联法规

《中华人民共和国交通运输部施行〈政府信息公开条例〉办法》第21、24条

第三十七条 【区分处理与公开】申请公开的信息中含有不应当公开或者不属于政府信息的内容,但是能够作区分处理的,行政机关应当向申请人提供可以公开的政府信息内容,并对不予公开的内容说明理由。

条文注释

本条是关于区分处理与公开的规定。

本条规定的内容包括部分公开与部分不公开的处理类型,这样规定可以最大限度地公开政府信息。从实际情况来看,我国政府信息公开工作中公开部分和不予公开部分不应过于烦琐,行政机关应当及时、准确地向申请人提供可以公开的信息内容。

关联法规

《国家知识产权局政府信息公开实施办法(修订)》第13条

第三十八条 【不予提供的情形】行政机关向申请人提供的信息,应当是已制作或者获取的政府信息。除依照本条例第三十七条的规定能够作区分处理的外,需要行政机关对现有政府信息进行加工、分析的,行政机关可以不予提供。

条文注释

本条是关于不予提供的情形的规定。

"需要行政机关对现有政府信息进行加工、分析的,行政机关可以不予提供。"这在广义上属于政府信息不存在。行政机关应当尽可能地满足申请人的需求,在合理的范围内为申请人公开相应的政府信息。"行政机关可以不予提供"是指条件确实不允许或者申请人的需求明显缺乏合理性的时候,行政机关可以予以拒绝。

第三十九条 【处理决定类型】申请人以政府信息公开申请的形式进行信访、投诉、举报等活动，行政机关应当告知申请人不作为政府信息公开申请处理并可以告知通过相应渠道提出。

申请人提出的申请内容为要求行政机关提供政府公报、报刊、书籍等公开出版物的，行政机关可以告知获取的途径。

条文注释

本条是关于处理决定类型的规定。

本条的规定包括两种处理决定的类型：一种是以政府信息公开申请的形式进行信访、投诉、举报等活动的；另一种是要求行政机关提供政府公报、报纸、杂志、书籍等公开出版物的。信访、投诉、举报是申请人所享有的正当权利，行政机关告知申请人不予处理的同时，要为其提供相应渠道与正确的指引。

第四十条 【政府信息公开形式】行政机关依申请公开政府信息，应当根据申请人的要求及行政机关保存政府信息的实际情况，确定提供政府信息的具体形式；按照申请人要求的形式提供政府信息，可能危及政府信息载体安全或者公开成本过高的，可以通过电子数据以及其他适当形式提供，或者安排申请人查阅、抄录相关政府信息。

条文注释

本条是关于政府信息公开形式的规定。

政府信息一般来说是行政机关按照其初始形态向申请人提供。但如果申请人有特殊要求且条件允许的情况下，尽量按照申请人要求的形式向其提供政府信息；若出现条件不允许、申请人的要求不合理、提供的成本过高等情况，则可以采用其他方式变通提供。

第四十一条　【政府信息更正机制】公民、法人或者其他组织有证据证明行政机关提供的与其自身相关的政府信息记录不准确的,可以要求行政机关更正。有权更正的行政机关审核属实的,应当予以更正并告知申请人;不属于本行政机关职能范围的,行政机关可以转送有权更正的行政机关处理并告知申请人,或者告知申请人向有权更正的行政机关提出。

条文注释

本条是关于政府信息更正机制的规定。

政府信息更正机制的启动并不是随时都可以,必须是申请人认为通过政府信息公开申请得到的政府信息的记录内容不准确,才能启动这一更正机制。而不能简单地认为针对任何不准确的政府信息都可以启动政府信息更正机制。

申请人提出的要求,行政机关应当进行审核,属于本行政机关职能范围内的,且相关政府信息不准确的,应当予以更正。

第四十二条　【信息处理费】行政机关依申请提供政府信息,不收取费用。但是,申请人申请公开政府信息的数量、频次明显超过合理范围的,行政机关可以收取信息处理费。

行政机关收取信息处理费的具体办法由国务院价格主管部门会同国务院财政部门、全国政府信息公开工作主管部门制定。

条文注释

本条是关于收取信息处理费的规定。

根据我国的现实情况,政府信息公开收费制度包含三个方面的内容:一是一般情况下不收取费用;二是申请人申请公开政府信息的数量、频次明显超过合理范围的,行政机关可以收取信息处理费;三是在具体办法出台之前,行政机关不能收取信息处理费。

第四十三条　【对特殊群体的帮助】申请公开政府信息的公民存在阅读困难或者视听障碍的，行政机关应当为其提供必要的帮助。

条文注释

本条是关于对特殊群体的帮助的规定。

本条规定的特殊群体包括两类：一类是存在阅读困难的人；另一类是存在视听障碍的人。两类群体都仅限于自然人。

第四十四条　【及时主动公开】多个申请人就相同政府信息向同一行政机关提出公开申请，且该政府信息属于可以公开的，行政机关可以纳入主动公开的范围。

对行政机关依申请公开的政府信息，申请人认为涉及公众利益调整、需要公众广泛知晓或者需要公众参与决策的，可以建议行政机关将该信息纳入主动公开的范围。行政机关经审核认为属于主动公开范围的，应当及时主动公开。

第四十五条　【工作制度规范】行政机关应当建立健全政府信息公开申请登记、审核、办理、答复、归档的工作制度，加强工作规范。

条文注释

本条是关于政府信息公开工作制度规范的规定。

政府信息公开工作制度规范包含五个方面：登记、审核、办理、答复、归档。

登记，是指将申请人的基本情况、申请内容、处理情况等信息以规范的方式登记在册，以方便之后的查询与利用。审核，是审查收到的政府信息公开申请，这需要政府信息公开工作机构和行政机关内设的职能机构之间相互配合来完成。办理，是指对政府信息公开申请的内容进行处理，主要涉及层级审批等问题。答复，是指把最终处理的结果制作成相应的法律文书，并送达申请人的过程。归档，是指将所有的材料规范地整理并保存。

以上五个环节都必须按照规范进行，保证政府信息公开法律关系井然有序。

第五章　监督和保障

第四十六条　【考核、社会评议、责任追究制度】各级人民政府应当建立健全政府信息公开工作考核制度、社会评议制度和责任追究制度，定期对政府信息公开工作进行考核、评议。

条文注释

本条是关于政府信息公开工作考核、社会评议、责任追究制度的规定。

理解本条时需要注意三点内容。一是行政机关常常把工作考核、社会评议、责任追究作为推动内部工作的具体举措。二是责任主体问题，各级人民政府是开展考核评议工作的责任主体，主体不应是各行政机关。三是建立工作考核等方面的制度是各级人民政府根据考核评议工作的需要所建立的，不能简单地理解为必须建立这些制度。同时，建立多少项制度是根据实际需要建立的，实际有需要的，可以建立更多的制度；缺乏实践基础就没有必要再建立这些制度。

关联法规

《监察法》；《公务员法》；《关于实行党政领导干部问责的暂行规定》；《国务院办公厅关于施行〈中华人民共和国政府信息公开条例〉若干问题的意见》六；《国务院办公厅关于推行行政执法责任制的若干意见》；《中华人民共和国交通运输部施行〈政府信息公开条例〉办法》第27、28条

第四十七条 【法定监督权】政府信息公开工作主管部门应当加强对政府信息公开工作的日常指导和监督检查，对行政机关未按照要求开展政府信息公开工作的，予以督促整改或者通报批评；需要对负有责任的领导人员和直接责任人员追究责任的，依法向有权机关提出处理建议。

公民、法人或者其他组织认为行政机关未按照要求主动公开政府信息或者对政府信息公开申请不依法答复处理的，可以向政府信息公开工作主管部门提出。政府信息公开工作主管部门查证属实的，应当予以督促整改或者通报批评。

条文注释

本条是关于政府信息公开工作主管部门法定监督权的规定。

本条第1款具体规定了督促整改、通报批评和责任人处理建议权三种法定监督权。督促整改和通报批评都是行政机关内部常用的监督手段。一般来说，上级机关针对下级机关督促整改和通报批评。责任人处理建议权是2019年本条例修订时新增的一种法定监督权。有权处理的机关一般来说应当根据该建议作出相应的处理决定，除非存在重大的法律和事实错误。

本条第2款规定了政府信息公开工作主管部门进行法定监督权的两种情况。第一种情况是政府信息公开工作主管部门在工作中需要时可依职权自行启动。第二种情况是公民、法人或者其他组织认为行政机关未按照要求主动公开政府信息的或者对政府信息公开申请不依法答复处理的，可以向政府信息公开工作主管部门提出。政府信息公开工作主管部门查证属实的，应该予以督促整改或者通报批评。

第四十八条 【定期培训】政府信息公开工作主管部门应当对行政机关的政府信息公开工作人员定期进行培训。

条文注释

本条是关于对政府信息工作人员定期进行培训的规定。

政府信息公开工作的性质要求工作人员必须要具备专业素质和综合素质。为了做好政府信息公开工作，有必要对政府机关的政府信息公开人员定期进行培训。

政府信息公开培训工作一般来说应该分级负责。政府信息公开工作主管部门的培训人员应是本级政府所属行政机关的政府信息公开工作人员。

关于培训多长时间进行一次，本条并没有明确的规定，只规定了定期进行培训。根据实践经验来看，1 年至少进行 1 次培训。

定期培训的内容应当围绕本条例相关业务工作展开，政府信息公开工作主管部门应当有计划、有针对性地开展工作，必要时可以组织编写相关培训资料。

第四十九条 【年度报告规定】县级以上人民政府部门应当在每年 1 月 31 日前向本级政府信息公开工作主管部门提交本行政机关上一年度政府信息公开工作年度报告并向社会公布。

县级以上地方人民政府的政府信息公开工作主管部门应当在每年 3 月 31 日前向社会公布本级政府上一年度政府信息公开工作年度报告。

条文注释

本条是关于政府信息公开工作年度报告的规定。

政府信息公开义务主体的各级行政机关是政府信息工作年度报告的主体。根据本条的规定，报告时间在每年的 1 月 31 日前。报告的方式是由各行政机关向所属政府信息公开工作主管部门提交，并向社会公布。县级以上地方人民政府的政府信息公开工作主管部门，应当向社会公布本级政府上一年度政府信息公开工作年度报告，并在每年 3 月 31 日前报告。

关联法规

《中华人民共和国交通运输部施行〈政府信息公开条例〉办法》第 31 条

第五十条　【年度报告的具体内容】政府信息公开工作年度报告应当包括下列内容：

（一）行政机关主动公开政府信息的情况；

（二）行政机关收到和处理政府信息公开申请的情况；

（三）因政府信息公开工作被申请行政复议、提起行政诉讼的情况；

（四）政府信息公开工作存在的主要问题及改进情况，各级人民政府的政府信息公开工作年度报告还应当包括工作考核、社会评议和责任追究结果情况；

（五）其他需要报告的事项。

全国政府信息公开工作主管部门应当公布政府信息公开工作年度报告统一格式，并适时更新。

条文注释

本条是关于政府信息公开工作年度报告的具体内容的规定。

本条第1款第1项规定的行政机关主动公开政府信息的情况是指行政机关贯彻落实本条例有关主动公开要求的情况，其内容主要是指本条例第20条所规定的15项主动公开内容的情况。

本条第1款第2项和第3项规定了行政机关收到和处理政府信息公开申请的情况，以及申请行政复议、提起行政诉讼的情况。报告形式一般以表格的形式加以呈现，而不宜通过文字描述的方式进行。主管部门应当对具体的体例和格式作出规定。

本条第1款第4项规定了政府信息公开工作存在的主要问题及改进情况。需要注意的是，谈问题时要有针对性，改进时要有计划和可操作性。同时，要实事求是报告问题，行政机关要努力做到每年能提出新问题并予以解决，从而不断深化政府信息公开工作。

本条第1款第5项是兜底条款，其目的是为其他法律及规范性文件预留出自由把握的空间。

本条第2款规定公布政府信息公开工作年度报告统一格式，并适时更新。这一要求既是全国政府信息公开工作主管部门的重点工作方向,同时也是其工作职责。

关联法规

《中华人民共和国交通运输部施行〈政府信息公开条例〉办法》第31条

第五十一条 【监督和救济制度】公民、法人或者其他组织认为行政机关在政府信息公开工作中侵犯其合法权益的,可以向上一级行政机关或者政府信息公开工作主管部门投诉、举报,也可以依法申请行政复议或者提起行政诉讼。

条文注释

本条是关于政府信息公开监督和救济制度的规定。

本条重点包括两个方面的内容:一是投诉、举报;二是行政复议、行政诉讼。

任何公民、法人或者其他组织认为行政机关在政府信息公开工作中侵犯其合法权益的,都可以投诉、举报。公民、法人或者其他组织越级提起投诉、举报的,原则上不予处理。上一级行政机关或者政府信息公开工作主管部门收到投诉、举报后,应当尽快作出处理,处理结果要及时反馈投诉人、举报人。任何公民、法人或者其他组织认为行政机关在政府信息公开工作中侵犯其合法权益的,可以向复议机关申请行政复议或者向人民法院提起行政诉讼获得救济。

关联法规

《行政复议法》第6条;《行政诉讼法》第12条;《国务院办公厅关于施行〈中华人民共和国政府信息公开条例〉若干问题的意见》六(十六);《中华人民共和国交通运输部施行〈政府信息公开条例〉办法》第32、33条

第五十二条 【法律责任】行政机关违反本条例的规定,未建立健全政府信息公开有关制度、机制的,由上一级行政机关责令改正;情节严重的,对负有责任的领导人员和直接责任人员依法给予处分。

条文注释

本条是关于法律责任的规定。

本条中的责任追究方式分为两种情况:一种情况是责令整改;另一种情况是对负有责任的领导人员和直接责任人员依法予以处分。责令整改是针对行政机关作出的,目的是强制行政机关履行法定义务。处分是针对行政机关公务员的惩戒措施。本条中的"情节严重"是指长时间未建立健全政府信息公开有关制度、机制的,或者责令仍不改正的,或者造成严重后果等行为的。

第五十三条 【责任追究】行政机关违反本条例的规定,有下列情形之一的,由上一级行政机关责令改正;情节严重的,对负有责任的领导人员和直接责任人员依法给予处分;构成犯罪的,依法追究刑事责任:

(一)不依法履行政府信息公开职能;

(二)不及时更新公开的政府信息内容、政府信息公开指南和政府信息公开目录;

(三)违反本条例规定的其他情形。

条文注释

本条是关于责任追究的规定。

具体分为三种情形:一是不依法履行政府信息公开职能。只要本条例确立的法定要求没有得到落实,就可以归为这一责任追究的情况。二是不及时更新公开的政府信息内容、政府信息公开指南和政府信息公开目录。值得注意的是,"不及时"是针对法定主动公开内容的不及时。三是违反本条例规定的其他情形。这属于兜底条款。

关联法规

《保守国家秘密法》第48条;《突发事件应对法》第63条;《中华人民共和国交通运输部施行〈政府信息公开条例〉办法》第35条

第六章　附　　则

第五十四条　【法律、法规授权的组织】法律、法规授权的具有管理公共事务职能的组织公开政府信息的活动,适用本条例。

条文注释

本条是关于授权的具有管理公共事务职能的组织公开政府信息的行为规范的规定。

从性质上讲,具有管理公共事务职能的组织通常属于行政机关,不是事业单位,一般也不作为行政主体管理社会公共事务。本条例规定法律、法规授权的具有管理公共事务职能的组织公开政府信息的活动,也要适用本条例。一般而言,具有管理公共事务职能的组织对社会公共事务进行管理的有关内容,包括但不仅限于下列九种形式:

1. 制定规章和规范性文件。制定规章和规范性文件,一般是行政机关的职能和权限,但有的事业单位经由法律、法规的授权也可为之。

2. 行政许可。行政许可是指行政机关根据公民、法人或者其他组织的申请,经依法审查,准予其从事特定活动的行为。

3. 监督检查。监督检查一般是指行政机关为实现行政管理目的,对相对人遵守法律、法规或者行政决定的情况进行的强制性监督和检查。

4. 行政处罚。行政处罚一般是指行政机关对违反社会管理秩序但尚未构成犯罪的行政相对人员给予的行政制裁。

5. 认证认可。国家认证认可监督管理委员会作为国家市场监督管理总局管理的事业单位,是国务院认可的监督管理部门,履行统一管理、监督和综合协调全国认证认可工作等职能。

6. 办理登记。如依照《农药管理条例》第8条的规定，国务院农业主管部门组织成立农药登记评审委员会，负责农药登记评审。

7. 审查、监测。如依照《公共场所卫生管理条例》第12条的规定，卫生防疫机构对公共场所的卫生监测职责包括对公共场所进行卫生监测和卫生技术指导。

8. 检验。如依照《食品安全法》的规定，食品检验实行食品检验机构与检验人负责制。食品检验报告应当加盖食品检验机构公章，并有检验人的签名或者盖章。食品检验机构和检验人对出具的食品检验报告负责。

9. 行政处理措施。行政处理措施，一般是行政机关纠正违法行为的具体行政措施，但也可以经过法律、法规授权。

第五十五条 【对公共企事业单位的要求】教育、卫生健康、供水、供电、供气、供热、环境保护、公共交通等与人民群众利益密切相关的公共企事业单位，公开在提供社会公共服务过程中制作、获取的信息，依照相关法律、法规和国务院有关主管部门或者机构的规定执行。全国政府信息公开工作主管部门根据实际需要可以制定专门的规定。

前款规定的公共企事业单位未依照相关法律、法规和国务院有关主管部门或者机构的规定公开在提供社会公共服务过程中制作、获取的信息，公民、法人或者其他组织可以向有关主管部门或者机构申诉，接受申诉的部门或者机构应当及时调查处理并将处理结果告知申诉人。

条文注释

本条是关于对公共企事业单位的要求的规定。

教育、卫生健康、供水、供电、供气、供热、环境保护、公共交通等公共企事业单位提供的公共服务，具有较强的公共属性，与人民群众切身利益密切相关。这些主体应该承担相应的信息公开义务。

关联法规

《国务院办公厅关于施行〈中华人民共和国政府信息公开条例〉若

干问题的意见》七;《慈善组织信息公开办法》

第五十六条 【施行时间】本条例自2019年5月15日起施行。

附录

中华人民共和国
银行业监督管理法（节录）

（2003年12月27日第十届全国人民代表大会常务委员会第六次会议通过　根据2006年10月31日第十届全国人民代表大会常务委员会第二十四次会议《关于修改〈中华人民共和国银行业监督管理法〉的决定》修正）

第十一条　银行业监督管理机构工作人员，应当依法保守国家秘密，并有责任为其监督管理的银行业金融机构及当事人保守秘密。

国务院银行业监督管理机构同其他国家或者地区的银行业监督管理机构交流监督管理信息，应当就信息保密作出安排。

中华人民共和国
突发事件应对法(节录)

(2007 年 8 月 30 日第十届全国人民代表大会常务委员会
第二十九次会议通过　2007 年 8 月 30 日中华人民共和国
主席令第 69 号公布　自 2007 年 11 月 1 日起施行)

第十条　有关人民政府及其部门作出的应对突发事件的决定、命令,应当及时公布。

第三章　监测与预警

第三十七条　国务院建立全国统一的突发事件信息系统。

县级以上地方各级人民政府应当建立或者确定本地区统一的突发事件信息系统,汇集、储存、分析、传输有关突发事件的信息,并与上级人民政府及其有关部门、下级人民政府及其有关部门、专业机构和监测网点的突发事件信息系统实现互联互通,加强跨部门、跨地区的信息交流与情报合作。

第三十八条　县级以上人民政府及其有关部门、专业机构应当通过多种途径收集突发事件信息。

县级人民政府应当在居民委员会、村民委员会和有关单位建立专职或者兼职信息报告员制度。

获悉突发事件信息的公民、法人或者其他组织,应当立即向所在地人民政府、有关主管部门或者指定的专业机构报告。

第三十九条　地方各级人民政府应当按照国家有关规定向上级人民政

府报送突发事件信息。县级以上人民政府有关主管部门应当向本级人民政府相关部门通报突发事件信息。专业机构、监测网点和信息报告员应当及时向所在地人民政府及其有关主管部门报告突发事件信息。

有关单位和人员报送、报告突发事件信息,应当做到及时、客观、真实,不得迟报、谎报、瞒报、漏报。

第四十条 县级以上地方各级人民政府应当及时汇总分析突发事件隐患和预警信息,必要时组织相关部门、专业技术人员、专家学者进行会商,对发生突发事件的可能性及其可能造成的影响进行评估;认为可能发生重大或者特别重大突发事件的,应当立即向上级人民政府报告,并向上级人民政府有关部门、当地驻军和可能受到危害的毗邻或者相关地区的人民政府通报。

第四十四条 发布三级、四级警报,宣布进入预警期后,县级以上地方各级人民政府应当根据即将发生的突发事件的特点和可能造成的危害,采取下列措施:

(一)启动应急预案;

(二)责令有关部门、专业机构、监测网点和负有特定职责的人员及时收集、报告有关信息,向社会公布反映突发事件信息的渠道,加强对突发事件发生、发展情况的监测、预报和预警工作;

(三)组织有关部门和机构、专业技术人员、有关专家学者,随时对突发事件信息进行分析评估,预测发生突发事件可能性的大小、影响范围和强度以及可能发生的突发事件的级别;

(四)定时向社会发布与公众有关的突发事件预测信息和分析评估结果,并对相关信息的报道工作进行管理;

(五)及时按照有关规定向社会发布可能受到突发事件危害的警告,宣传避免、减轻危害的常识,公布咨询电话。

第五十三条 履行统一领导职责或者组织处置突发事件的人民政府,应当按照有关规定统一、准确、及时发布有关突发事件事态发展和应急处置工作的信息。

第六章 法律责任

第六十三条 地方各级人民政府和县级以上各级人民政府有关部门违

反本法规定,不履行法定职责的,由其上级行政机关或者监察机关责令改正;有下列情形之一的,根据情节对直接负责的主管人员和其他直接责任人员依法给予处分:

(一)未按规定采取预防措施,导致发生突发事件,或者未采取必要的防范措施,导致发生次生、衍生事件的;

(二)迟报、谎报、瞒报、漏报有关突发事件的信息,或者通报、报送、公布虚假信息,造成后果的;

(三)未按规定及时发布突发事件警报、采取预警期的措施,导致损害发生的;

(四)未按规定及时采取措施处置突发事件或者处置不当,造成后果的;

(五)不服从上级人民政府对突发事件应急处置工作的统一领导、指挥和协调的;

(六)未及时组织开展生产自救、恢复重建等善后工作的;

(七)截留、挪用、私分或者变相私分应急救援资金、物资的;

(八)不及时归还征用的单位和个人的财产,或者对被征用财产的单位和个人不按规定给予补偿的。

中华人民共和国
科学技术进步法(节录)

(1993 年 7 月 2 日第八届全国人民代表大会常务委员会第二次会议通过　2007 年 12 月 29 日第十届全国人民代表大会常务委员会第三十一次会议第一次修订　2021 年 12 月 24 日第十三届全国人民代表大会常务委员会第三十二次会议第二次修订　自 2022 年 1 月 1 日起施行)

第一百零二条　国务院科学技术行政部门应当会同国务院有关主管部

门,建立科学技术研究基地、科学仪器设备等资产和科学技术文献、科学技术数据、科学技术自然资源、科学技术普及资源等科学技术资源的信息系统和资源库,及时向社会公布科学技术资源的分布、使用情况。

科学技术资源的管理单位应当向社会公布所管理的科学技术资源的共享使用制度和使用情况,并根据使用制度安排使用;法律、行政法规规定应当保密的,依照其规定。

科学技术资源的管理单位不得侵犯科学技术资源使用者的知识产权,并应当按照国家有关规定确定收费标准。管理单位和使用者之间的其他权利义务关系由双方约定。

中华人民共和国保守国家秘密法

(1988 年 9 月 5 日第七届全国人民代表大会常务委员会第三次会议通过　2010 年 4 月 29 日第十一届全国人民代表大会常务委员会第十四次会议第一次修订　2024 年 2 月 27 日第十四届全国人民代表大会常务委员会第八次会议第二次修订　自 2024 年 5 月 1 日起施行)

第一章　总　　则

第一条　为了保守国家秘密,维护国家安全和利益,保障改革开放和社会主义现代化建设事业的顺利进行,根据宪法,制定本法。

第二条　国家秘密是关系国家安全和利益,依照法定程序确定,在一定时间内只限一定范围的人员知悉的事项。

第三条　坚持中国共产党对保守国家秘密(以下简称保密)工作的领

导。中央保密工作领导机构领导全国保密工作，研究制定、指导实施国家保密工作战略和重大方针政策，统筹协调国家保密重大事项和重要工作，推进国家保密法治建设。

第四条 保密工作坚持总体国家安全观，遵循党管保密、依法管理，积极防范、突出重点，技管并重、创新发展的原则，既确保国家秘密安全，又便利信息资源合理利用。

法律、行政法规规定公开的事项，应当依法公开。

第五条 国家秘密受法律保护。

一切国家机关和武装力量、各政党和各人民团体、企业事业组织和其他社会组织以及公民都有保密的义务。

任何危害国家秘密安全的行为，都必须受到法律追究。

第六条 国家保密行政管理部门主管全国的保密工作。县级以上地方各级保密行政管理部门主管本行政区域的保密工作。

第七条 国家机关和涉及国家秘密的单位（以下简称机关、单位）管理本机关和本单位的保密工作。

中央国家机关在其职权范围内管理或者指导本系统的保密工作。

第八条 机关、单位应当实行保密工作责任制，依法设置保密工作机构或者指定专人负责保密工作，健全保密管理制度，完善保密防护措施，开展保密宣传教育，加强保密监督检查。

第九条 国家采取多种形式加强保密宣传教育，将保密教育纳入国民教育体系和公务员教育培训体系，鼓励大众传播媒介面向社会进行保密宣传教育，普及保密知识，宣传保密法治，增强全社会的保密意识。

第十条 国家鼓励和支持保密科学技术研究和应用，提升自主创新能力，依法保护保密领域的知识产权。

第十一条 县级以上人民政府应当将保密工作纳入本级国民经济和社会发展规划，所需经费列入本级预算。

机关、单位开展保密工作所需经费应当列入本机关、本单位年度预算或者年度收支计划。

第十二条 国家加强保密人才培养和队伍建设，完善相关激励保障机制。

对在保守、保护国家秘密工作中做出突出贡献的组织和个人，按照国家有关规定给予表彰和奖励。

第二章 国家秘密的范围和密级

第十三条 下列涉及国家安全和利益的事项，泄露后可能损害国家在政治、经济、国防、外交等领域的安全和利益的，应当确定为国家秘密：

（一）国家事务重大决策中的秘密事项；

（二）国防建设和武装力量活动中的秘密事项；

（三）外交和外事活动中的秘密事项以及对外承担保密义务的秘密事项；

（四）国民经济和社会发展中的秘密事项；

（五）科学技术中的秘密事项；

（六）维护国家安全活动和追查刑事犯罪中的秘密事项；

（七）经国家保密行政管理部门确定的其他秘密事项。

政党的秘密事项中符合前款规定的，属于国家秘密。

第十四条 国家秘密的密级分为绝密、机密、秘密三级。

绝密级国家秘密是最重要的国家秘密，泄露会使国家安全和利益遭受特别严重的损害；机密级国家秘密是重要的国家秘密，泄露会使国家安全和利益遭受严重的损害；秘密级国家秘密是一般的国家秘密，泄露会使国家安全和利益遭受损害。

第十五条 国家秘密及其密级的具体范围（以下简称保密事项范围），由国家保密行政管理部门单独或者会同有关中央国家机关规定。

军事方面的保密事项范围，由中央军事委员会规定。

保密事项范围的确定应当遵循必要、合理原则，科学论证评估，并根据情况变化及时调整。保密事项范围的规定应当在有关范围内公布。

第十六条 机关、单位主要负责人及其指定的人员为定密责任人，负责本机关、本单位的国家秘密确定、变更和解除工作。

机关、单位确定、变更和解除本机关、本单位的国家秘密，应当由承办人提出具体意见，经定密责任人审核批准。

第十七条 确定国家秘密的密级，应当遵守定密权限。

中央国家机关、省级机关及其授权的机关、单位可以确定绝密级、机密级和秘密级国家秘密；设区的市级机关及其授权的机关、单位可以确定机密级和秘密级国家秘密；特殊情况下无法按照上述规定授权定密的，国家保密行政管理部门或者省、自治区、直辖市保密行政管理部门可以授予机关、单位定密权限。具体的定密权限、授权范围由国家保密行政管理部门规定。

下级机关、单位认为本机关、本单位产生的有关定密事项属于上级机关、单位的定密权限，应当先行采取保密措施，并立即报请上级机关、单位确定；没有上级机关、单位的，应当立即提请有相应定密权限的业务主管部门或者保密行政管理部门确定。

公安机关、国家安全机关在其工作范围内按照规定的权限确定国家秘密的密级。

第十八条 机关、单位执行上级确定的国家秘密事项或者办理其他机关、单位确定的国家秘密事项，需要派生定密的，应当根据所执行、办理的国家秘密事项的密级确定。

第十九条 机关、单位对所产生的国家秘密事项，应当按照保密事项范围的规定确定密级，同时确定保密期限和知悉范围；有条件的可以标注密点。

第二十条 国家秘密的保密期限，应当根据事项的性质和特点，按照维护国家安全和利益的需要，限定在必要的期限内；不能确定期限的，应当确定解密的条件。

国家秘密的保密期限，除另有规定外，绝密级不超过三十年，机密级不超过二十年，秘密级不超过十年。

机关、单位应当根据工作需要，确定具体的保密期限、解密时间或者解密条件。

机关、单位对在决定和处理有关事项工作过程中确定需要保密的事项，根据工作需要决定公开的，正式公布时即视为解密。

第二十一条 国家秘密的知悉范围，应当根据工作需要限定在最小范围。

国家秘密的知悉范围能够限定到具体人员的，限定到具体人员；不能限定到具体人员的，限定到机关、单位，由该机关、单位限定到具体人员。

国家秘密的知悉范围以外的人员，因工作需要知悉国家秘密的，应当经过机关、单位主要负责人或者其指定的人员批准。原定密机关、单位对扩大国家秘密的知悉范围有明确规定的，应当遵守其规定。

第二十二条　机关、单位对承载国家秘密的纸介质、光介质、电磁介质等载体（以下简称国家秘密载体）以及属于国家秘密的设备、产品，应当作出国家秘密标志。

涉及国家秘密的电子文件应当按照国家有关规定作出国家秘密标志。

不属于国家秘密的，不得作出国家秘密标志。

第二十三条　国家秘密的密级、保密期限和知悉范围，应当根据情况变化及时变更。国家秘密的密级、保密期限和知悉范围的变更，由原定密机关、单位决定，也可以由其上级机关决定。

国家秘密的密级、保密期限和知悉范围变更的，应当及时书面通知知悉范围内的机关、单位或者人员。

第二十四条　机关、单位应当每年审核所确定的国家秘密。

国家秘密的保密期限已满的，自行解密。在保密期限内因保密事项范围调整不再作为国家秘密，或者公开后不会损害国家安全和利益，不需要继续保密的，应当及时解密；需要延长保密期限的，应当在原保密期限届满前重新确定密级、保密期限和知悉范围。提前解密或者延长保密期限的，由原定密机关、单位决定，也可以由其上级机关决定。

第二十五条　机关、单位对是否属于国家秘密或者属于何种密级不明确或者有争议的，由国家保密行政管理部门或者省、自治区、直辖市保密行政管理部门按照国家保密规定确定。

第三章　保密制度

第二十六条　国家秘密载体的制作、收发、传递、使用、复制、保存、维修和销毁，应当符合国家保密规定。

绝密级国家秘密载体应当在符合国家保密标准的设施、设备中保存，并指定专人管理；未经原定密机关、单位或者其上级机关批准，不得复制和摘抄；收发、传递和外出携带，应当指定人员负责，并采取必要的安全措施。

第二十七条　属于国家秘密的设备、产品的研制、生产、运输、使用、保存、维修和销毁，应当符合国家保密规定。

第二十八条　机关、单位应当加强对国家秘密载体的管理，任何组织和个人不得有下列行为：

（一）非法获取、持有国家秘密载体；

（二）买卖、转送或者私自销毁国家秘密载体；

（三）通过普通邮政、快递等无保密措施的渠道传递国家秘密载体；

（四）寄递、托运国家秘密载体出境；

（五）未经有关主管部门批准，携带、传递国家秘密载体出境；

（六）其他违反国家秘密载体保密规定的行为。

第二十九条 禁止非法复制、记录、存储国家秘密。

禁止未按照国家保密规定和标准采取有效保密措施，在互联网及其他公共信息网络或者有线和无线通信中传递国家秘密。

禁止在私人交往和通信中涉及国家秘密。

第三十条 存储、处理国家秘密的计算机信息系统（以下简称涉密信息系统）按照涉密程度实行分级保护。

涉密信息系统应当按照国家保密规定和标准规划、建设、运行、维护，并配备保密设施、设备。保密设施、设备应当与涉密信息系统同步规划、同步建设、同步运行。

涉密信息系统应当按照规定，经检查合格后，方可投入使用，并定期开展风险评估。

第三十一条 机关、单位应当加强对信息系统、信息设备的保密管理，建设保密自监管设施，及时发现并处置安全保密风险隐患。任何组织和个人不得有下列行为：

（一）未按照国家保密规定和标准采取有效保密措施，将涉密信息系统、涉密信息设备接入互联网及其他公共信息网络；

（二）未按照国家保密规定和标准采取有效保密措施，在涉密信息系统、涉密信息设备与互联网及其他公共信息网络之间进行信息交换；

（三）使用非涉密信息系统、非涉密信息设备存储或者处理国家秘密；

（四）擅自卸载、修改涉密信息系统的安全技术程序、管理程序；

（五）将未经安全技术处理的退出使用的涉密信息设备赠送、出售、丢弃或者改作其他用途；

（六）其他违反信息系统、信息设备保密规定的行为。

第三十二条 用于保护国家秘密的安全保密产品和保密技术装备应当符合国家保密规定和标准。

国家建立安全保密产品和保密技术装备抽检、复检制度,由国家保密行政管理部门设立或者授权的机构进行检测。

第三十三条 报刊、图书、音像制品、电子出版物的编辑、出版、印制、发行,广播节目、电视节目、电影的制作和播放,网络信息的制作、复制、发布、传播,应当遵守国家保密规定。

第三十四条 网络运营者应当加强对其用户发布的信息的管理,配合监察机关、保密行政管理部门、公安机关、国家安全机关对涉嫌泄露国家秘密案件进行调查处理;发现利用互联网及其他公共信息网络发布的信息涉嫌泄露国家秘密的,应当立即停止传输该信息,保存有关记录,向保密行政管理部门或者公安机关、国家安全机关报告;应当根据保密行政管理部门或者公安机关、国家安全机关的要求,删除涉及泄露国家秘密的信息,并对有关设备进行技术处理。

第三十五条 机关、单位应当依法对拟公开的信息进行保密审查,遵守国家保密规定。

第三十六条 开展涉及国家秘密的数据处理活动及其安全监管应当符合国家保密规定。

国家保密行政管理部门和省、自治区、直辖市保密行政管理部门会同有关主管部门建立安全保密防控机制,采取安全保密防控措施,防范数据汇聚、关联引发的泄密风险。

机关、单位应当对汇聚、关联后属于国家秘密事项的数据依法加强安全管理。

第三十七条 机关、单位向境外或者向境外在中国境内设立的组织、机构提供国家秘密,任用、聘用的境外人员因工作需要知悉国家秘密的,按照国家有关规定办理。

第三十八条 举办会议或者其他活动涉及国家秘密的,主办单位应当采取保密措施,并对参加人员进行保密教育,提出具体保密要求。

第三十九条 机关、单位应当将涉及绝密级或者较多机密级、秘密级国家秘密的机构确定为保密要害部门,将集中制作、存放、保管国家秘密载体的专门场所确定为保密要害部位,按照国家保密规定和标准配备、使用必要的技术防护设施、设备。

第四十条 军事禁区、军事管理区和属于国家秘密不对外开放的其他场所、部位，应当采取保密措施，未经有关部门批准，不得擅自决定对外开放或者扩大开放范围。

涉密军事设施及其他重要涉密单位周边区域应当按照国家保密规定加强保密管理。

第四十一条 从事涉及国家秘密业务的企业事业单位，应当具备相应的保密管理能力，遵守国家保密规定。

从事国家秘密载体制作、复制、维修、销毁，涉密信息系统集成，武器装备科研生产，或者涉密军事设施建设等涉及国家秘密业务的企业事业单位，应当经过审查批准，取得保密资质。

第四十二条 采购涉及国家秘密的货物、服务的机关、单位，直接涉及国家秘密的工程建设、设计、施工、监理等单位，应当遵守国家保密规定。

机关、单位委托企业事业单位从事涉及国家秘密的业务，应当与其签订保密协议，提出保密要求，采取保密措施。

第四十三条 在涉密岗位工作的人员（以下简称涉密人员），按照涉密程度分为核心涉密人员、重要涉密人员和一般涉密人员，实行分类管理。

任用、聘用涉密人员应当按照国家有关规定进行审查。

涉密人员应当具有良好的政治素质和品行，经过保密教育培训，具备胜任涉密岗位的工作能力和保密知识技能，签订保密承诺书，严格遵守国家保密规定，承担保密责任。

涉密人员的合法权益受法律保护。对因保密原因合法权益受到影响和限制的涉密人员，按照国家有关规定给予相应待遇或者补偿。

第四十四条 机关、单位应当建立健全涉密人员管理制度，明确涉密人员的权利、岗位责任和要求，对涉密人员履行职责情况开展经常性的监督检查。

第四十五条 涉密人员出境应当经有关部门批准，有关机关认为涉密人员出境将对国家安全造成危害或者对国家利益造成重大损失的，不得批准出境。

第四十六条 涉密人员离岗离职应当遵守国家保密规定。机关、单位应当开展保密教育提醒，清退国家秘密载体，实行脱密期管理。涉密人员在脱密期内，不得违反规定就业和出境，不得以任何方式泄露国家秘密；脱密期结束后，应当遵守国家保密规定，对知悉的国家秘密继续履行保密义务。涉密人员严重违反离岗离职及脱密期国家保密规定的，机关、单位应当及时报告同级保密行政管理部门，由保密行政管理部门会同有关部门依法采取处置措施。

第四十七条 国家工作人员或者其他公民发现国家秘密已经泄露或者可能泄露时，应当立即采取补救措施并及时报告有关机关、单位。机关、单位接到报告后，应当立即作出处理，并及时向保密行政管理部门报告。

第四章 监督管理

第四十八条 国家保密行政管理部门依照法律、行政法规的规定，制定保密规章和国家保密标准。

第四十九条 保密行政管理部门依法组织开展保密宣传教育、保密检查、保密技术防护、保密违法案件调查处理工作，对保密工作进行指导和监督管理。

第五十条 保密行政管理部门发现国家秘密确定、变更或者解除不当的，应当及时通知有关机关、单位予以纠正。

第五十一条 保密行政管理部门依法对机关、单位遵守保密法律法规和相关制度的情况进行检查；涉嫌保密违法的，应当及时调查处理或者组织、督促有关机关、单位调查处理；涉嫌犯罪的，应当依法移送监察机关、司法机关处理。

对严重违反国家保密规定的涉密人员，保密行政管理部门应当建议有关机关、单位将其调离涉密岗位。

有关机关、单位和个人应当配合保密行政管理部门依法履行职责。

第五十二条 保密行政管理部门在保密检查和案件调查处理中，可以依法查阅有关材料、询问人员、记录情况，先行登记保存有关设施、设备、文件资料等；必要时，可以进行保密技术检测。

保密行政管理部门对保密检查和案件调查处理中发现的非法获取、持有的国家秘密载体，应当予以收缴；发现存在泄露国家秘密隐患的，应当要求采取措施，限期整改；对存在泄露国家秘密隐患的设施、设备、场所，应当责令停止使用。

第五十三条 办理涉嫌泄露国家秘密案件的机关，需要对有关事项是否属于国家秘密、属于何种密级进行鉴定的，由国家保密行政管理部门或者省、自治区、直辖市保密行政管理部门鉴定。

第五十四条 机关、单位对违反国家保密规定的人员不依法给予处分的，保密行政管理部门应当建议纠正；对拒不纠正的，提请其上一级机关或者监察机关对该机关、单位负有责任的领导人员和直接责任人员依法予以处理。

第五十五条 设区的市级以上保密行政管理部门建立保密风险评估机制、监测预警制度、应急处置制度，会同有关部门开展信息收集、分析、通报工作。

第五十六条 保密协会等行业组织依照法律、行政法规的规定开展活动，推动行业自律，促进行业健康发展。

第五章 法律责任

第五十七条 违反本法规定，有下列情形之一，根据情节轻重，依法给予处分；有违法所得的，没收违法所得：

（一）非法获取、持有国家秘密载体的；

（二）买卖、转送或者私自销毁国家秘密载体的；

（三）通过普通邮政、快递等无保密措施的渠道传递国家秘密载体的；

（四）寄递、托运国家秘密载体出境，或者未经有关主管部门批准，携带、传递国家秘密载体出境的；

（五）非法复制、记录、存储国家秘密的；

（六）在私人交往和通信中涉及国家秘密的；

（七）未按照国家保密规定和标准采取有效保密措施，在互联网及其他公共信息网络或者有线和无线通信中传递国家秘密的；

（八）未按照国家保密规定和标准采取有效保密措施，将涉密信息系统、涉密信息设备接入互联网及其他公共信息网络的；

（九）未按照国家保密规定和标准采取有效保密措施，在涉密信息系统、涉密信息设备与互联网及其他公共信息网络之间进行信息交换的；

（十）使用非涉密信息系统、非涉密信息设备存储、处理国家秘密的；

（十一）擅自卸载、修改涉密信息系统的安全技术程序、管理程序的；

（十二）将未经安全技术处理的退出使用的涉密信息设备赠送、出售、丢弃或者改作其他用途的；

（十三）其他违反本法规定的情形。

有前款情形尚不构成犯罪，且不适用处分的人员，由保密行政管理部门督促其所在机关、单位予以处理。

第五十八条 机关、单位违反本法规定，发生重大泄露国家秘密案件的，依法对直接负责的主管人员和其他直接责任人员给予处分。不适用处分的人员，由保密行政管理部门督促其主管部门予以处理。

机关、单位违反本法规定，对应当定密的事项不定密，对不应当定密的事项定密，或者未履行解密审核责任，造成严重后果的，依法对直接负责的主管人员和其他直接责任人员给予处分。

第五十九条 网络运营者违反本法第三十四条规定的，由公安机关、国家安全机关、电信主管部门、保密行政管理部门按照各自职责分工依法予以处罚。

第六十条 取得保密资质的企业事业单位违反国家保密规定的，由保密行政管理部门责令限期整改，给予警告或者通报批评；有违法所得的，没收违法所得；情节严重的，暂停涉密业务、降低资质等级；情节特别严重的，吊销保密资质。

未取得保密资质的企业事业单位违法从事本法第四十一条第二款规定的涉密业务的，由保密行政管理部门责令停止涉密业务，给予警告或者通报批评；有违法所得的，没收违法所得。

第六十一条 保密行政管理部门的工作人员在履行保密管理职责中滥用职权、玩忽职守、徇私舞弊的，依法给予处分。

第六十二条 违反本法规定，构成犯罪的，依法追究刑事责任。

第六章 附 则

第六十三条 中国人民解放军和中国人民武装警察部队开展保密工作的具体规定，由中央军事委员会根据本法制定。

第六十四条 机关、单位对履行职能过程中产生或者获取的不属于国家秘密但泄露后会造成一定不利影响的事项，适用工作秘密管理办法采取必要的保护措施。工作秘密管理办法另行规定。

第六十五条 本法自 2024 年 5 月 1 日起施行。

中华人民共和国
传染病防治法(节录)

(1989年2月21日第七届全国人民代表大会常务委员会第六次会议通过 2004年8月28日第十届全国人民代表大会常务委员会第十一次会议修订 根据2013年6月29日第十二届全国人民代表大会常务委员会第三次会议《关于修改〈中华人民共和国文物保护法〉等十二部法律的决定》修正)

第十二条 在中华人民共和国领域内的一切单位和个人,必须接受疾病预防控制机构、医疗机构有关传染病的调查、检验、采集样本、隔离治疗等预防、控制措施,如实提供有关情况。疾病预防控制机构、医疗机构不得泄露涉及个人隐私的有关信息、资料。

卫生行政部门以及其他有关部门、疾病预防控制机构和医疗机构因违法实施行政管理或者预防、控制措施,侵犯单位和个人合法权益的,有关单位和个人可以依法申请行政复议或者提起诉讼。

第三十四条 县级以上地方人民政府卫生行政部门应当及时向本行政区域内的疾病预防控制机构和医疗机构通报传染病疫情以及监测、预警的相关信息。接到通报的疾病预防控制机构和医疗机构应当及时告知本单位的有关人员。

第三十五条 国务院卫生行政部门应当及时向国务院其他有关部门和各省、自治区、直辖市人民政府卫生行政部门通报全国传染病疫情以及监测、预警的相关信息。

毗邻的以及相关的地方人民政府卫生行政部门,应当及时互相通报本行政区域的传染病疫情以及监测、预警的相关信息。

县级以上人民政府有关部门发现传染病疫情时,应当及时向同级人民政府卫生行政部门通报。

中国人民解放军卫生主管部门发现传染病疫情时,应当向国务院卫生行政部门通报。

第三十六条 动物防疫机构和疾病预防控制机构,应当及时互相通报动物间和人间发生的人畜共患传染病疫情以及相关信息。

第三十七条 依照本法的规定负有传染病疫情报告职责的人民政府有关部门、疾病预防控制机构、医疗机构、采供血机构及其工作人员,不得隐瞒、谎报、缓报传染病疫情。

第三十八条 国家建立传染病疫情信息公布制度。

国务院卫生行政部门定期公布全国传染病疫情信息。省、自治区、直辖市人民政府卫生行政部门定期公布本行政区域的传染病疫情信息。

传染病暴发、流行时,国务院卫生行政部门负责向社会公布传染病疫情信息,并可以授权省、自治区、直辖市人民政府卫生行政部门向社会公布本行政区域的传染病疫情信息。

公布传染病疫情信息应当及时、准确。

中华人民共和国政府采购法(节录)

(2002 年 6 月 29 日第九届全国人民代表大会常务委员会第二十八次会议通过 根据 2014 年 8 月 31 日第十二届全国人民代表大会常务委员会第十次会议《关于修改〈中华人民共和国保险法〉等五部法律的决定》修正)

第十一条 政府采购的信息应当在政府采购监督管理部门指定的媒体

上及时向社会公开发布,但涉及商业秘密的除外。

中华人民共和国就业促进法(节录)

(2007年8月30日第十届全国人民代表大会常务委员会第二十九次会议通过　根据2015年4月24日第十二届全国人民代表大会常务委员会第十四次会议《关于修改〈中华人民共和国电力法〉等六部法律的决定》修正)

第三十四条　县级以上人民政府加强人力资源市场信息网络及相关设施建设,建立健全人力资源市场信息服务体系,完善市场信息发布制度。

第三十五条　县级以上人民政府建立健全公共就业服务体系,设立公共就业服务机构,为劳动者免费提供下列服务:

(一)就业政策法规咨询;

(二)职业供求信息、市场工资指导价位信息和职业培训信息发布;

(三)职业指导和职业介绍;

(四)对就业困难人员实施就业援助;

(五)办理就业登记、失业登记等事务;

(六)其他公共就业服务。

公共就业服务机构应当不断提高服务的质量和效率,不得从事经营性活动。

公共就业服务经费纳入同级财政预算。

中华人民共和国水法(节录)

(1988年1月21日第六届全国人民代表大会常务委员会第二十四次会议通过 2002年8月29日第九届全国人民代表大会常务委员会第二十九次会议修订 根据2009年8月27日第十一届全国人民代表大会常务委员会第十次会议《关于修改部分法律的决定》第一次修正 根据2016年7月2日第十二届全国人民代表大会常务委员会第二十一次会议《关于修改〈中华人民共和国节约能源法〉等六部法律的决定》第二次修正)

第十六条 制定规划,必须进行水资源综合科学考察和调查评价。水资源综合科学考察和调查评价,由县级以上人民政府水行政主管部门会同同级有关部门组织进行。

县级以上人民政府应当加强水文、水资源信息系统建设。县级以上人民政府水行政主管部门和流域管理机构应当加强对水资源的动态监测。

基本水文资料应当按照国家有关规定予以公开。

中华人民共和国测绘法(节录)

(1992 年 12 月 28 日第七届全国人民代表大会常务委员会第二十九次会议通过　2002 年 8 月 29 日第九届全国人民代表大会常务委员会第二十九次会议第一次修订　2017 年 4 月 27 日第十二届全国人民代表大会常务委员会第二十七次会议第二次修订)

第三十七条　中华人民共和国领域和中华人民共和国管辖的其他海域的位置、高程、深度、面积、长度等重要地理信息数据,由国务院测绘地理信息主管部门审核,并与国务院其他有关部门、军队测绘部门会商后,报国务院批准,由国务院或者国务院授权的部门公布。

中华人民共和国节约能源法（节录）

（1997年11月1日第八届全国人民代表大会常务委员会第二十八次会议通过　2007年10月28日第十届全国人民代表大会常务委员会第三十次会议修订　根据2016年7月2日第十二届全国人民代表大会常务委员会第二十一次会议《关于修改〈中华人民共和国节约能源法〉等六部法律的决定》第一次修正　根据2018年10月26日第十三届全国人民代表大会常务委员会第六次会议《关于修改〈中华人民共和国野生动物保护法〉等十五部法律的决定》第二次修正）

第二十一条　县级以上各级人民政府统计部门应当会同同级有关部门，建立健全能源统计制度，完善能源统计指标体系，改进和规范能源统计方法，确保能源统计数据真实、完整。

国务院统计部门会同国务院管理节能工作的部门，定期向社会公布各省、自治区、直辖市以及主要耗能行业的能源消费和节能情况等信息。

中华人民共和国
农产品质量安全法(节录)

(2006 年 4 月 29 日第十届全国人民代表大会常务委员会第二十一次会议通过　根据 2018 年 10 月 26 日第十三届全国人民代表大会常务委员会第六次会议《关于修改〈中华人民共和国野生动物保护法〉等十五部法律的决定》修正　2022 年 9 月 2 日第十三届全国人民代表大会常务委员会第三十六次会议修订　自 2023 年 1 月 1 日起施行)

第四十五条第二款　县级以上人民政府农业农村主管部门和市场监督管理部门应当加强收购、储存、运输过程中农产品质量安全监督管理的协调配合和执法衔接,及时通报和共享农产品质量安全监督管理信息,并按照职责权限,发布有关农产品质量安全日常监督管理信息。

中华人民共和国行政许可法(节录)

(2003 年 8 月 27 日第十届全国人民代表大会常务委员会第四次会议通过　根据 2019 年 4 月 23 日第十三届全国人民代表大会常务委员会第十次会议《关于修改〈中华人民共和国建筑法〉等八部法律的决定》修正)

第三十条　行政机关应当将法律、法规、规章规定的有关行政许可的事项、依据、条件、数量、程序、期限以及需要提交的全部材料的目录和申请书示范文本等在办公场所公示。

申请人要求行政机关对公示内容予以说明、解释的，行政机关应当说明、解释，提供准确、可靠的信息。

第三十三条 行政机关应当建立和完善有关制度，推行电子政务，在行政机关的网站上公布行政许可事项，方便申请人采取数据电文等方式提出行政许可申请；应当与其他行政机关共享有关行政许可信息，提高办事效率。

中华人民共和国档案法（节录）

（1987年9月5日第六届全国人民代表大会常务委员会第二十二次会议通过　根据1996年7月5日第八届全国人民代表大会常务委员会第二十次会议《关于修改〈中华人民共和国档案法〉的决定》第一次修正　根据2016年11月7日第十二届全国人民代表大会常务委员会第二十四次会议《关于修改〈中华人民共和国对外贸易法〉等十二部法律的决定》第二次修正　2020年6月20日第十三届全国人民代表大会常务委员会第十九次会议修订）

第二十七条 县级以上各级档案馆的档案，应当自形成之日起满二十五年向社会开放。经济、教育、科技、文化等类档案，可以少于二十五年向社会开放；涉及国家安全或者重大利益以及其他到期不宜开放的档案，可以多于二十五年向社会开放。国家鼓励和支持其他档案馆向社会开放档案。档案开放的具体办法由国家档案主管部门制定，报国务院批准。

第二十九条 机关、团体、企业事业单位和其他组织以及公民根据经济建设、国防建设、教学科研和其他工作的需要，可以按照国家有关规定，利用档案馆未开放的档案以及有关机关、团体、企业事业单位和其他组织保存的档案。

第三十一条 向档案馆移交、捐献、寄存档案的单位和个人,可以优先利用该档案,并可以对档案中不宜向社会开放的部分提出限制利用的意见,档案馆应当予以支持,提供便利。

第三十三条 档案馆应当根据自身条件,为国家机关制定法律、法规、政策和开展有关问题研究,提供支持和便利。

档案馆应当配备研究人员,加强对档案的研究整理,有计划地组织编辑出版档案材料,在不同范围内发行。

档案研究人员研究整理档案,应当遵守档案管理的规定。

国务院办公厅关于施行《中华人民共和国政府信息公开条例》若干问题的意见

(2008年4月29日 国办发〔2008〕36号)

各省、自治区、直辖市人民政府,国务院各部委、各直属机构:

为有利于贯彻施行《中华人民共和国政府信息公开条例》(以下简称条例),积极稳妥地推进政府信息公开工作,保障公民、法人和其他组织依法获取政府信息,经国务院同意,现就条例施行中的若干问题提出以下意见:

一、关于政府信息公开管理体制问题

(一)县级以上人民政府各部门(单位)要在本级人民政府信息公开工作主管部门的统一指导、协调、监督下开展政府信息公开工作。

（二）实行垂直领导的部门（单位）要在其上级业务主管部门（单位）的领导下，在所在地地方人民政府统一指导、协调下开展政府信息公开工作。实行双重领导的部门（单位）要在所在地地方人民政府的领导下开展政府信息公开工作，同时接受上级业务主管部门（单位）的指导。

二、关于建立政府信息发布协调机制问题

（三）各级人民政府信息公开工作主管部门要组织、协调有关行政机关建立健全政府信息发布协调机制，形成畅通高效的信息发布沟通渠道。行政机关拟发布的政府信息涉及其他行政机关的，要与有关行政机关沟通协调，经对方确认后方可发布；沟通协调后不能达成一致意见的，由拟发布该政府信息的行政机关报请本级政府信息公开工作主管部门协调解决。

（四）根据法律、行政法规和国家有关规定，发布农产品质量安全状况、重大传染病疫情、重大动物疫情、重要地理信息数据、统计信息等政府信息，要严格按照规定权限和程序执行。

三、关于发布政府信息的保密审查问题

（五）行政机关在制作政府信息时，要明确该政府信息是否应当公开；对于不能确定是否可以公开的，要报有关业务主管部门（单位）或者同级保密工作部门确定。

（六）行政机关要严格依照《中华人民共和国保守国家秘密法》及其实施办法等相关规定，对拟公开的政府信息进行保密审查。凡属国家秘密或者公开后可能危及国家安全、公共安全、经济安全和社会稳定的政府信息，不得公开。

（七）对主要内容需要公众广泛知晓或参与，但其中部分内容涉及国家秘密的政府信息，应经法定程序解密并删除涉密内容后，予以公开。

（八）已经移交档案馆及档案工作机构的政府信息的管理，依照有关档案管理的法律、行政法规和国家有关规定执行。

四、关于主动公开政府信息问题

（九）各级行政机关特别是国务院各部门（单位）、各省（区、市）人民政府及其部门（单位）要建立健全政府信息主动公开机制，增强工作的主动性和实效性。要充分利用政府网站、政府公报等各种便于公众知晓的方式，及时公开政府信息，并逐步完善政府信息公开目录及网上查询功能，为公众提供优质服务。

（十）因政府机构改革不再保留的部门（单位）的政府信息公开工作，由继续履行其职能的部门（单位）负责。

五、关于依申请公开政府信息问题

（十一）国务院各部门（单位）和地方各级人民政府及其部门（单位）要切实做好依申请公开政府信息的工作。要采取多种方式，方便公民、法人和其他组织申请公开政府信息。特别是设区的市级人民政府及其部门（单位）、县级人民政府及其部门（单位）、乡（镇）人民政府，直接面向基层群众，要充分利用现有的行政服务大厅、行政服务中心等行政服务场所，或者设立专门的接待窗口和场所，为人民群众提供便利，确保政府信息公开申请得到及时、妥善处理。省（区、市）人民政府、国务院各部门（单位）在做好本行政机关依申请公开政府信息工作的同时，要加强对下级政府和部门（单位）的指导。国务院办公厅不直接受理公民、法人和其他组织提出的政府信息公开申请。

（十二）行政机关要按照条例规定的时限及时答复申请公开政府信息的当事人。同时，对于可以公开的政府信息，能够在答复时提供具体内容的，要同时提供；不能同时提供的，要确定并告知申请人提供的期限。在条例正式施行后，如一段时间内出现大量申请公开政府信息的情况，行政机关难以按照条例规定期限答复的，要及时向申请人说明并尽快答复。

（十三）对于同一申请人向同一行政机关就同一内容反复提出公开申请的，行政机关可以不重复答复。

（十四）行政机关对申请人申请公开与本人生产、生活、科研等特殊需要无关的政府信息，可以不予提供；对申请人申请的政府信息，如公开可能危及国家安全、公共安全、经济安全和社会稳定，按规定不予提供，可告知申请人不属于政府信息公开的范围。

六、关于监督保障问题

（十五）国务院各部门（单位）和地方各级人民政府要抓紧制订完善政府信息公开工作考核办法，明确考核的原则、内容、标准、程序和方式。要建立社会评议制度，把政府信息公开工作纳入社会评议政风、行风的范围，并根据评议结果完善制度、改进工作。

（十六）国务院各部门（单位）和地方各级人民政府及其部门（单位）要建立健全分层级受理举报的制度，及时研究解决政府信息公开工作中反映出来的问题。公民、法人或者其他组织认为行政机关不依法履行政府信息公开义务的,可向本级监察机关、政府信息公开工作主管部门举报;对本级监察机关和政府信息公开工作主管部门的处理不满意的,可向上一级业务主管部门、监察机关或者政府信息公开工作主管部门举报。

(十七)国务院各部门(单位)和地方各级人民政府要按照《国务院办公厅关于做好施行〈中华人民共和国政府信息公开条例〉准备工作的通知》(国办发〔2007〕54号)的要求,落实业务经费,加强队伍建设。

(十八)国务院各部门(单位)和地方各级人民政府可以根据条例的规定,结合本部门(单位)、本地区的实际情况,制定施行条例的具体办法,保证条例的各项规定得到落实。

七、关于公共企事业单位的信息公开工作

(十九)国务院有关主管部门(单位)要按照条例的要求,把公共企事业单位的信息公开纳入本部门(单位)信息公开工作的总体部署,在2008年10月底前制定具体的实施办法,积极推动公共企事业单位的信息公开工作。同时,要加强对各省(区、市)人民政府有关部门的工作指导,把公共企事业单位信息公开工作全面推向深入。

(二十)公共企事业单位要以涉及人民群众切身利益、社会普遍关心的内容为重点,切实做好信息公开工作。要创新公开形式,拓展公开渠道,完善公开制度,全面提高公开工作水平。

中共中央办公厅、国务院办公厅关于进一步推行政务公开的意见

(2005年3月24日　中办发〔2005〕12号)

为深入贯彻落实党的十六大和十六届四中全会精神,发展社会主义民

主,保障人民群众的民主权利,提高依法行政水平,加强对行政权力的监督,经党中央、国务院同意,现就进一步推行政务公开提出如下意见。

一、提高对推行政务公开重要意义的认识

推行政务公开是实践“三个代表”重要思想,坚持立党为公、执政为民,加强党的执政能力建设的具体体现;是坚持和发展社会主义民主,建设社会主义政治文明,构建社会主义和谐社会的必然要求;是落实依法治国基本方略,推进依法行政,建设法治政府的重要举措;是建立健全惩治和预防腐败体系,形成行为规范、运转协调、公正透明、廉洁高效的行政管理体制的重要内容。

党中央、国务院对推行政务公开十分重视。党的十五大、十六大都明确提出要推行政务公开。2000 年 12 月,中共中央办公厅、国务院办公厅发出《关于在全国乡镇政权机关全面推行政务公开制度的通知》(中办发[2000]25 号),对乡(镇)政务公开作出部署,对县(市)级以上政务公开提出了要求。2004 年 3 月,国务院印发《全面推进依法行政实施纲要》(国发[2004]10 号),把行政决策、行政管理和政府信息的公开作为推进依法行政的重要内容。2005 年 1 月,党中央印发《建立健全教育、制度、监督并重的惩治和预防腐败体系实施纲要》(中发[2005]3 号),明确提出“健全政务公开、厂务公开、村务公开制度”。各地区各部门按照中央的要求,结合实际,狠抓落实,积极探索,不断创新,政务公开稳步推行,发展势头良好。政务公开的推行,拓宽了群众参政议政的渠道,加强了对政府行政行为的监督,推进了依法行政,密切了党群干群关系,促进了勤政廉政建设,得到人民群众的拥护和支持。

当前,政务公开工作与完善社会主义市场经济体制、推进社会主义民主法制建设的要求在一些方面还不能完全适应,主要是:有的领导干部对政务公开的重要性认识不足,推行政务公开的力度不够;一些行政机关工作人员依法行政的观念和政务公开的意识还比较淡薄,依法行政的能力和水平有待进一步提高;有的地区和部门政务公开制度不健全,程序不规范,工作不落实,甚至存在形式主义倾向。这些问题在一定程度上影响了政务公开工作的落实,妨碍了人民群众知情权、参与权和监督权的行使。社会主义民主政治的不断发展和依法行政的全面推进,对政务公开工作提出了更高的要求,各级领导干部和行政机关工作人员要切实提高对进一步推行政务公开重要意义的认识，以与时俱进、求真务实的精神，进一步把政务公开工作抓紧抓好。

二、明确推行政务公开的指导思想、基本原则和工作目标

推行政务公开要以邓小平理论和“三个代表”重要思想为指导，深入贯彻党的十六大、十六届四中全会和《全面推进依法行政实施纲要》精神，以保障人民群众的民主权利、维护人民群众的根本利益为出发点和落脚点，提高行政机关行政行为的透明度和办事效率，切实加强对行政权力的监督，推动行政管理体制改革，促进依法行政，更好地为改革发展稳定的大局服务。

推行政务公开要坚持严格依法、全面真实、及时便民的原则。要严格按照法律法规和有关政策规定，对各类行政管理和公共服务事项，除涉及国家秘密和依法受到保护的商业秘密、个人隐私之外，都要如实公开。要按照规定的制度和程序，对应该公开的事项，采用方便、快捷的方式及时公开。

推行政务公开的工作目标，要与深化行政管理体制改革和全面推进依法行政、建设法治政府的目标和进程相一致。经过不懈努力，使政务公开成为各级政府施政的一项基本制度，政府工作透明度不断提高，政府与群众沟通的渠道更加畅通，人民群众的知情权、参与权和监督权等民主权利得到切实保障。

三、进一步推行政务公开的主要任务、重点内容和形式

进一步推行政务公开要统筹规划，突出重点，切合实际，稳步实施。要适应经济社会发展和社会主义民主法制建设的要求，明确政务公开的内容和形式，增强政务公开的针对性和有效性。

各地区各部门要结合实际，确定进一步推行政务公开的主要任务。乡（镇）要继续贯彻中办发[2000]25号文件精神，切实把各项要求落到实处。县（市）和市（地）级行政机关要规范和完善政务公开的内容、程序、形式和监督保障措施，全面推行政务公开；省级人民政府及其工作部门和国务院各部门要明确政务公开的内容和形式，并加强对本地区本系统政务公开工作的规划和指导。要把人民群众普遍关心、涉及人民群众切身利益的问题作为政务公开的重点内容，围绕行政主体基本情况和行政决策、执行、监督的程序、方法、结果等事项，不断拓展政务公开的内容。乡（镇）要重点公开其贯彻落实中央有关农村工作政策，以及财政、财务收支，各类专项资金、财政转移支付资金使用，筹资筹劳等情况。县（市）、市（地）要重点公开本地区城乡发展规划，财政预决算报告，重大项目审批和实施，行政许可事项办理，政府采购，征地拆迁和经营性土地使用权出让,矿产资源开发和利用,税费征收和减免政策的执行,突发公共事件的预报、发生和处置等情况。省级人民政府及其工作部门要重点公开本地区本部门经济建设和社会发展的相关政策与总体规划,财政预决算报告,行政许可事项的设定、调整、取消以及行政许可事项办理,国有企业重组改制、产权交易等情况。国务院各部门要结合实际,确定公开的重点内容。各地区各部门要编制本地区本系统政务公开内容的详细目录,分类向社会或在单位内部公开。

要完善政府新闻发布制度,通过政府新闻发布会定期发布政务信息;继续通过政府公报、政务公开栏、公开办事指南和其他形式公开政务;充分利用报刊、广播、电视、网络等媒体,发挥其在政务公开中的作用;积极探索通过社会公示、听证和专家咨询、论证以及邀请人民群众旁听政府有关会议等形式,对行政决策的过程和结果予以公开;通过各类综合或专项行政服务中心,对行政许可、公共服务等事项予以公开;加强政府网站建设,推进电子政务,逐步扩大网上审批、查询、交费、办证、咨询、投诉、求助等服务项目的范围,为人民群众提供快捷、方便的服务。

四、建立健全政务公开的法规制度

要加强制度建设,严格按制度办事,保障政务公开规范运行。要积极探索和推进政务公开的立法工作,抓紧制定《政府信息公开条例》。条件成熟的地区和部门要研究制定地方性法规或规章,逐步把政务公开纳入法制化轨道。要建立健全主动公开和依申请公开制度。对于应当让社会公众广泛知晓或参与的事项,要及时主动向社会公开。暂时不宜公开或不能公开的,要报上级主管机关备案。公开事项如变更、撤销或终止,要及时公布并作出说明。对于只涉及部分人和事的事项,要按照规定程序,向申请人公开,确实不能公开的要及时做好解释说明工作。

要建立健全政务公开评议制度。把政务公开纳入社会评议政风、行风的范围,组织人民群众对政务公开的内容是否真实、准确、全面,时间是否及时,程序是否符合规定,制度是否落实到位等进行评议。

要建立健全政务公开责任追究制度,明确政务公开工作各部门和单位的责任。对工作不力、搞形式主义的,要严肃批评,限期整改;对弄虚作假、侵犯群众民主权利、损害群众合法利益、造成严重后果的,要严肃查处。

五、切实加强对政务公开工作的组织领导

各级党委和政府要高度重视政务公开工作，切实加强领导，把政务公开工作列入议事日程，研究和解决工作中的重要问题。各地区各部门要设立政务公开工作领导机构及其办事机构，指导、协调政务公开的各项工作。地方各级人民政府和国务院各部门以及法律法规授权或行政机关依法委托行使行政权力的组织，是实施政务公开的责任主体。实行垂直领导和双重领导的部门，要按照本系统的要求，在当地党委和政府的领导下开展政务公开工作。要加强对行政机关工作人员的培训，为推行政务公开提供智力和技术支持。要加强宣传教育，营造推行政务公开的氛围，引导人民群众正确行使民主权利，参与政务公开的实践活动。

地方各级人民政府和国务院各部门要自觉接受同级人大及其常委会和政协对政务公开工作的监督；认真听取群众团体和人民群众对政务公开的意见和建议，接受人民群众和新闻媒体的监督。上级行政机关要加强对下级行政机关政务公开工作的层级监督。监察、审计等机关要按照各自的职责，对政务公开工作实行专门监督。要把政务公开作为行政机关目标考核的重要内容，各地区各部门要制定具体考核办法，明确考核标准，定期考评检查，促进政务公开工作的落实。

国务院办公厅关于做好政府信息依申请公开工作的意见

（2010年1月12日　国办发〔2010〕5号）

各省、自治区、直辖市人民政府，国务院各部委、各直属机构：

自2008年5月1日《中华人民共和国政府信息公开条例》（以下简称

《条例》)施行以来,各地区、各部门在受理依申请公开政府信息过程中遇到一些新的情况。根据有关法律法规政策和工作实践,现提出以下意见。

一、准确把握《条例》第十三条内涵

《条例》的立法本意是为了保障公民、法人和其他组织依法获取政府信息,提高政府工作透明度,促进依法行政,充分发挥政府信息对人民群众生产、生活和经济社会活动的服务作用。公开政府信息应当遵循公正、公平、便民的原则。

为此,《条例》第九条明确了政府信息主动公开的 4 项基本要求,第十条、第十一条规定了县级以上人民政府及其部门应当重点主动公开的 15 类政府信息;第十二条还规定了乡(镇)人民政府应当重点主动公开的 8 类政府信息。《条例》还设置了依申请公开制度,以满足公民、法人或者其他组织自身生产、生活、科研等特殊需要。为规范依申请公开工作,《国务院办公厅关于施行中华人民共和国政府信息公开条例若干问题的意见》(国办发〔2008〕36 号)第十四条规定,行政机关对申请人申请公开与本人生产、生活、科研等特殊需要无关的政府信息,可以不予提供;对申请人申请的政府信息,如公开可能危及国家安全、公共安全、经济安全和社会稳定,按规定不予提供,可告知申请人不属于政府信息公开的范围。

二、准确把握政府信息的适用范畴

《条例》所称政府信息,是指行政机关在履行职责过程中制作或者获取的,以一定形式记录、保存的信息。

行政机关向申请人提供的政府信息,应当是正式、准确、完整的,申请人可以在生产、生活和科研中正式使用,也可以在诉讼或行政程序中作为书证使用。因此,行政机关在日常工作中制作或者获取的内部管理信息以及处于讨论、研究或者审查中的过程性信息,一般不属于《条例》所指应公开的政府信息。

行政机关向申请人提供的政府信息,应当是现有的,一般不需要行政机关汇总、加工或重新制作(作区分处理的除外)。依据《条例》精神,行政机关一般不承担为申请人汇总、加工或重新制作政府信息,以及向其他行政机关和公民、法人或者其他组织搜集信息的义务。

三、明确"一事一申请"原则

在实际工作中,有时会遇到一个申请要求公开分属多个行政机关制作或保存的政府信息,有的申请公开的信息类别和项目繁多,受理机关既不能如需提供,又难以一一指明哪条信息不存在,哪条信息属于哪个行政机关公开,影响了办理时效。为提高工作效率,方便申请人尽快获取所申请公开的信息,对一些要求公开项目较多的申请,受理机关可要求申请人按照"一事一申请"原则对申请方式加以调整:即一个政府信息公开申请只对应一个政府信息项目。

同时,对将申请公开的政府信息拆分过细的情况,即申请人就一个具体事项向同一行政机关提出多个内容相近的信息公开申请,行政机关需要对现有的信息进行拆分处理才能答复,受理机关可要求申请人对所提申请作适当归并处理。

四、妥善处理研究课题类申请

对于要求行政机关为其大范围提供课题研究所需资料、数据的申请,因其不同于《条例》规定一般意义上的申请,且在一定程度上超出了设置依申请公开的立法本意,行政机关可要求申请人对其申请方式作出调整:

对于课题研究所需政府信息,若已经主动公开的,可告知申请人通过政府网站、政府公报、部门统计年鉴、相关公开出版物和档案馆、图书馆信息查阅点等渠道自行查阅。

通过主动公开渠道确实难以获取的政府信息,申请人可按照"一事一申请"的方式,向相关行政机关分别提出申请。

五、加大政府信息主动公开工作力度

政府信息主动公开和依申请公开是《条例》规定的我国政府信息公开的两种基本方式,二者相辅相成。全面、及时、准确地主动公开政府信息,可以大大减少依申请公开数量。各地区、各部门都应加大政府信息主动公开工作力度,增强主动性、权威性和实效性。凡是《条例》规定应该公开、能够公开的事项,都应及时、全面、主动公开。各部门要细化本系统政府信息公开目录和范围,抓紧对本系统所涉政府信息哪些可以公开,哪些可部分公开,提出明确的指导意见,供本系统各单位依循。

在受理依申请公开政府信息过程中,对于需要或者可以让社会广泛知晓的政府信息,行政机关应在答复申请人的同时,通过政府网站等渠道主动公开,尽量避免将公共性政府信息只向个别申请人公开,以减少对同一政府信息的一再申请,节约行政成本,提高工作效率。

六、改进依申请公开政府信息服务

各地区、各部门要进一步拓宽受理渠道，为申请人提供便捷的依申请公开服务。进一步完善申请的受理、审查、处理、答复程序，有关记录应当保存备查。对于申请事项不属于政府信息公开工作范畴或无法按申请提供政府信息的，应主动与申请人沟通，尽量取得申请人的理解。在答复申请时，要依法有据、严谨规范、慎重稳妥。

七、加强、完善保密审查和协调会商

要进一步完善政府信息公开保密审查机制，规范审查程序，落实审查责任。遇到情况复杂或者可能涉及国家安全、公共安全、经济安全和社会稳定的申请，应加强相关部门间的协调会商，依据有关法律法规，对申请是否有效、信息是否应该公开、公开后可能带来的影响等进行综合分析，研究提出处理意见。

各地区、各部门要在实践中积极探索，积累经验，完善规章制度，积极稳妥推进政府信息公开工作。

中共中央办公厅、国务院办公厅关于在全国乡镇政权机关全面推行政务公开制度的通知

（2000 年 12 月 6 日　中办发〔2000〕25 号）

各省、自治区、直辖市党委和人民政府，中央和国家机关各部委，军委总政治部，各人民团体：

为贯彻落实党的十五大关于扩大基层民主、保证人民群众直接行使民主权利的精神，推进依法治国的进程，加强对行政权力运行过程的监督，密切党和政府同人民群众的联系，党中央、国务院决定，在全国乡镇政权机关和派驻

乡镇的站所全面推行政务公开制度。现就有关问题通知如下:

一、指导思想、基本原则和基本要求

乡镇政权机关是国家政权机关的基层组织,派驻站所是政府有关部门派驻乡镇的工作机构。在乡镇政权机关和派驻站所全面推行政务公开制度,有利于加强农村基层政权建设、党组织建设和干部队伍建设,提高乡镇政权机关依法行政的水平,增强权力运行的透明度,促进廉政勤政建设,推动党在农村各项政策的落实。各级党委、政府要按照江泽民同志关于"三个代表"的要求,充分认识在乡镇政权机关和派驻站所全面推行政务公开制度的重大意义,切实抓好这项工作。

推行政务公开制度的指导思想是:以邓小平理论、党的基本路线和十五大精神为指导,围绕加强基层民主政治建设和依法行政,以公正、便民和廉政、勤政为基本要求,切实加强对行政权力的监督,进一步密切党群、干群关系,促进农村的改革、发展和稳定。

推行政务公开制度的基本原则是:(1)依法公开。乡镇政权机关和派驻站所政务公开工作应当依照国家法律、法规和有关政策规定进行。(2)真实公正。公开的内容应当真实可信,办事的结果应当公平公正。(3)注重实效。从实际出发,突出重点,循序渐进,讲求实效,不搞形式主义。(4)有利监督。要方便群众办事,便于群众知情,有利于人民群众行使监督权。

推行政务公开制度的基本要求是:(1)提高工作效率,方便群众和企业、事业单位办事。(2)提高依法行政水平,严格依法管理。(3)强化对行政权力运行的监督,有效遏制消极腐败现象。(4)进一步落实民主决策、民主管理、民主监督制度。

要通过扎实工作和不懈努力,使政务公开制度成为乡镇政权机关和派驻站所的一项基本工作制度。

二、主要内容和工作方法

乡镇政务公开要从人民群众普遍关心和涉及群众切身利益的实际问题入手,对群众反映强烈的问题、容易出现不公平、不公正甚至产生腐败的环节以及本乡镇经济和社会发展的重大问题,都应当公开。其中,重点是财务公开。政务公开包括对群众、企事业单位公开和对本机关干部职工公开。

对群众、企事业单位公开的主要内容是:

1. 乡镇政府行政管理、经济管理活动的事项。主要包括:乡镇政府及有关部门的年度工作目标及执行情况;乡镇年度财政预算及执行情况;上级政府或政府部门下拨的专项经费及使用情况；乡镇的债权债务情况；乡镇集体企业及其他经济实体承发包、租赁、拍卖等情况；乡镇工程项目招投标及社会公益事业建设情况等。

2. 与村务公开相对应的事项。主要包括：乡、村税费的收缴、使用情况；计划生育情况；征用土地及土地补偿费、安置补助费的发放、使用情况；各村宅基地审批情况；救灾救济款物发放、优待抚恤情况；水电费的收缴情况等。

3. 乡镇政府各部门和派驻站所公开的事项。主要包括：工作职责、办事依据、办事条件、办事程序、办事纪律、办事期限、监督办法和办事结果；执收执罚部门的收费、罚款标准和收缴情况；上级主管部门明确要求必须公开的其他事项。

对本机关干部职工公开的主要内容是：领导干部廉洁自律情况；机关内部财务收支情况；招待费、差旅费的开支使用情况；干部交流、考核、奖惩情况以及机关干部职工关心的其他重要事项。

公开要采取相应的形式。各乡镇和派驻站所必须设立固定的便于群众观看的政务公开栏，及时将应公开的内容张榜公布。各地还可以根据实际情况，通过会议、广播、电视、便民手册、电子触摸屏等有效形式，予以公开。

公开的时间要与公开的内容相适应。经常性工作定期公开，阶段性工作逐段公开，临时性工作随时公开。

对于涉及群众切身利益的重要事项，每次公开后，都要认真听取群众的意见。对群众提出的合理建议，要积极采纳；对群众反映的问题，要及时加以解决，暂时无法解决的，要做好说明解释工作。

三、监督保障制度

推行政务公开制度，核心是加强监督。要建立健全乡镇政权机关和派驻站所内部的监督制度，以保证公开内容的真实性。要把办事结果公开与事前、事中民主决策和民主监督结合起来，把内部监督与外部监督结合起来，建立起一套便利、管用、有约束力的监督制约机制。

乡镇人民政府要自觉接受乡镇人民代表大会的监督。政务公开的重要内容要向人大报告。乡镇当年的经济和社会发展计划、财政预算决算等，要经乡镇人民代表大会审议通过后公开。

要实行重大事项集体讨论决定制度。重大决策、重要干部任免、重要项目安排和大额度资金的使用，必须在广泛征求意见的基础上，经乡镇党委、政府集体讨论作出决定后公开。

要实行预公开制度。乡镇机关和派驻站所在决定或办理与群众利益密切相关的重要事项时，应当在正式决定或办理之前将方案公布。在充分听取群众意见并进行调整、修改后，再予以正式公布。

要实行定期审计制度。县（市）级政府审计机关要对乡镇财政预算的执行情况和决算以及政府部门管理和政府委托社会团体代管的各类基金、资金的收支情况，依法进行审计监督，并将审计结果公开。

乡镇要成立政务公开监督小组，由乡镇人大、纪委、村党支部、村民委员会、企业事业单位等方面的人员组成，乡镇人大主席或纪委书记任组长。监督小组要定期或不定期地开展民主评议活动，广泛听取群众意见和要求，及时提出工作建议。

要通过设立举报电话、政务监督信箱等渠道，认真收集群众意见，鼓励干部群众积极参与监督，对群众举报的问题，应及时调查处理。

要充分发挥舆论监督的作用。对乡镇政务公开工作的成功经验要广泛宣传报道，对消极抵制、弄虚作假的典型事例要予以曝光。

在坚持上述制度的同时，各地要从实际出发，积极探索，大胆实践，不断完善监督制约机制。

四、组织领导

乡镇政务公开政策性强、涉及部门多、公开的内容广，必须切实加强领导。乡镇政务公开工作由党委统一领导，政府主抓，人大监督实施。纪检、监察机关要协助政府加强督促检查，政府办公厅（室）要加强组织协调工作。

各级党委、政府要把在乡镇推行政务公开制度作为农村工作的一件大事，列入重要工作日程，切实加强领导。要明确牵头部门，认真落实责任制。县（市）级党委、政府在推行乡镇政务公开制度工作中起至关重要的作用，必须加强组织领导和具体指导，狠抓落实。乡镇党委、政府负责组织实施本乡镇的政务公开工作。各乡镇都要成立以乡（镇）长为第一责任人的政务公开领导小组，按照谁主管、谁负责的原则，切实把这项工作落到实处。

各地要把派驻站所政务公开纳入所在乡镇政务公开工作全局之中，派驻站所要自觉接受所在乡镇党委、政府的统一领导。同时，上级主管部门要对基层站、所的政务公开工作提出要求，针对本部门业务工作实际，制定有关规范，加强督促和指导。

推行乡镇政务公开，要同乡镇党的建设、政权建设以及村务公开相结合，同各项基础管理工作相结合,综合治理,整体推进。要及时发现和处理倾向性、苗头性问题,保证政务公开制度的顺利推行,确保社会稳定。

要把政务公开作为党风廉政建设责任制和党政领导干部年度工作考核的一项重要内容,并将考核结果作为干部奖惩的重要依据。对在推行政务公开制度中工作不力或不称职的领导干部,要批评教育,情节严重的要调整其工作岗位或免去其所任职务;对拒不推行政务公开制度或在政务公开中有弄虚作假、打击报复、侵犯群众民主权利等违纪行为的干部,纪检监察机关要追究其党纪政纪责任。

在推行政务公开制度时,必须加强思想政治工作和宣传教育工作。要教育广大干部尤其是基层干部增强民主意识,树立群众观念,自觉维护人民群众的民主权利和合法权益。同时,要教育和引导广大人民群众依法行使民主权利,维护国家的根本利益。

城市街道办事处要参照本通知的规定,做好政务公开工作。

在推行乡镇政务公开的同时,县(市)级以上政权机关也要积极探索实行政务公开的有效途径,逐步推行政务公开制度。

各省、自治区、直辖市和中央、国家机关有关部门应根据本通知精神,结合实际,制定具体实施办法。

国务院办公厅关于推进重大建设项目批准和实施领域政府信息公开的意见

(2017 年 12 月 4 日 国办发〔2017〕94 号)

各省、自治区、直辖市人民政府,国务院各部委、各直属机构:

按照党中央、国务院决策部署和《中共中央办公厅 国务院办公厅印发

〈关于全面推进政务公开工作的意见〉的通知》等文件要求，为进一步推进重大建设项目批准和实施领域政府信息公开，经国务院同意，现提出以下意见。

一、总体要求

（一）指导思想。

全面贯彻党的十九大精神，坚持以习近平新时代中国特色社会主义思想为指导，统筹推进“五位一体”总体布局和协调推进“四个全面”战略布局，牢固树立和贯彻落实创新、协调、绿色、开放、共享的发展理念，按照党中央、国务院关于全面推进政务公开工作的重要部署要求，把重大建设项目批准和实施领域政府信息公开作为全面推进政务公开工作的重要内容，积极回应社会关切，更好保障人民群众知情权、参与权、表达权、监督权。

（二）基本原则。

以公开为常态、不公开为例外。除涉及国家秘密、商业秘密和个人隐私及其他依法不予公开的内容外，重大建设项目批准和实施过程中的信息要尽可能对外公开，以公开提升项目批准、实施的透明度和效率，保障人民群众合法权益。

突出重点，有序推进。以重大建设项目批准和实施过程中社会关注度高的信息为重点，以政府信息公开为先导，推动项目法人单位信息有效归集、及时公开。

明确主体，落实责任。重大建设项目批准和实施过程中，各级政府和有关部门负责公开其在履行职责过程中制作或保存的信息，并依法监督项目法人单位公开项目信息。法律、法规、规章未作出明确规定的，鼓励项目法人单位主动公开项目信息。

二、主要任务

本意见所称重大建设项目，是指按照有关规定由政府审批或核准的，对经济社会发展、民生改善有直接、广泛和重要影响的固定资产投资项目（不包括境外投资项目和对外援助项目）。各省（区、市）政府、国务院有关部门应当根据区域、行业特点和工作侧重点，进一步明确本地区、本领域重大建设项目范围。

（一）突出公开重点。

在重大建设项目批准和实施过程中，重点公开批准服务信息、批准结果信息、招标投标信息、征收土地信息、重大设计变更信息、施工有关信息、质量安全监督信息、竣工有关信息等8类信息。主要内容包括：

1. 批准服务信息：申报要求、申报材料清单、批准流程、办理时限、受理机构联系方式、监督举报方式等。

2. 批准结果信息：项目建议书审批结果、可行性研究报告审批结果、初步设计文件审批结果、项目核准结果、节能审查意见、建设项目选址意见审批结果、建设项目用地（用海）预审结果、环境影响评价审批文件、建设用地规划许可审批结果、建设工程规划类许可审批结果、施工许可（开工报告）审批结果、招标事项审批核准结果，取水许可、水土保持方案、洪水影响评价等涉水事项审批结果等。

3. 招标投标信息：资格预审公告、招标公告、中标候选人公示、中标结果公示、合同订立及履行情况、招标投标违法处罚信息等。

4. 征收土地信息：征地告知书以及履行征地报批前程序的相关证明材料、建设项目用地呈报说明书、农用地转用方案、补充耕地方案、征收土地方案、供地方案、征地批后实施中征地公告、征地补偿安置方案公告等。

5. 重大设计变更信息：项目设计变更原因、主要变更内容、变更依据、批准单位、变更结果等。

6. 施工有关信息：项目法人单位及其主要负责人信息，设计、施工、监理单位及其主要负责人、项目负责人信息、资质情况，施工单位项目管理机构设置、工作职责、主要管理制度，施工期环境保护措施落实情况等。

7. 质量安全监督信息：质量安全监督机构及其联系方式、质量安全行政处罚情况等。

8. 竣工有关信息：竣工验收时间、工程质量验收结果，竣工验收备案时间、备案编号、备案部门、交付使用时间，竣工决算审计单位、审计结论、财务决算金额等。

各省（区、市）政府、国务院有关部门应当参照以上内容，聚焦社会关注度高、与群众切身利益密切相关的项目，分别确定本地区、本部门相关领域信息公开重点，进一步细化公开事项、内容、时限、方式、责任主体、监督渠道等，纳入主动公开基本目录，不断加大公开力度。

（二）明确公开主体。

各级政府和有关部门要坚持以公开为常态、不公开为例外，严格按照《中华人民共和国政府信息公开条例》有关规定，公开所制作或保存的项目信息。要严格履行保密审查程序,做到该公开的信息坚决公开,该保守的国家秘密坚决保守住。批准服务信息、批准结果信息由批准重大建设项目和有关要件的各级政府和有关部门分别负责公开,招标投标信息由招标人或有关行政监督部门依法公开,征收土地信息由辖区政府和有关部门负责公开,重大设计变更信息由批准单位负责公开,施工有关信息、质量安全监督信息、竣工有关信息由制作或保存的部门按照职责分工分别负责公开。

(三)拓展公开渠道。

各级政府和有关部门要通过政府公报、政府网站、新媒体平台、新闻发布会等及时公开各类项目信息,并及时回应公众关切。充分利用全国投资项目在线审批监管平台、全国公共资源交易平台、"信用中国"网站等,推进重大建设项目批准和实施领域信息共享和公开。推动将重大建设项目批准和实施过程中产生的信用信息纳入全国信用信息共享平台,可向社会公开的,依法依规在各地区信用网站和"信用中国"网站公开。畅通依申请公开渠道,确保相关工作有序开展。项目法人单位可利用现场公示、网站公布等多种渠道对项目信息进行公开,方便公众查询和社会监督。

(四)强化公开时效。

重大建设项目批准和实施过程中产生的政府信息,确定为主动公开的,应严格按照《中华人民共和国政府信息公开条例》规定,自政府信息形成或变更之日起20个工作日内予以公开;确定为依申请公开的,应严格按照法定时限答复申请人;除法律法规另有规定外,行政许可、行政处罚事项应自作出行政决定之日起7个工作日内上网公开。法律、法规、规章对项目法人单位公开项目信息作出明确规定的,各级政府和有关部门要监督项目法人单位依法按时公开项目信息;法律、法规、规章未作出明确规定的,鼓励项目法人单位及时公开项目信息。

三、政策保障和组织实施

(一)加强组织领导。

各级政府和有关部门要高度重视并认真做好重大建设项目批准和实施领域的政府信息公开工作,以点带面、示范带动,以此作为深化政务公开工作的有力抓手。各级政府要建立健全协调机制,明确责任分工,各级政府办公厅(室)作为组织协调部门,要指导监督发展改革、工业和信息化、国土资源、环保、住房城乡建设、交通运输、水利、农业、卫生计生、林业等部门,提出明确工作目标和措施，认真组织实施；各省（区、市）政府要对本地区各级政府的政务公开工作进行督查、指导，确保各项任务落到实处。各有关部门要结合实际，制定本领域重大建设项目批准和实施领域政府信息公开的实施方案。

（二）加大考核力度。

各级政府和有关部门要把重大建设项目批准和实施领域政府信息公开工作作为政务公开工作绩效考核的重要内容，按照政务公开工作绩效考核相关规定，加大考核力度。对工作推动有力、取得明显成效的单位和个人，要按照规定予以表彰；对未按照相关规定和要求履行职责的，要通报批评，并在年度考核中予以体现。

（三）完善监管措施。

各级政府要定期对重大建设项目批准和实施领域信息公开工作进行检查，主要包括政府信息、项目法人信息的公开内容、公开渠道和公开时效等。各有关部门每年应将本部门工作进展情况报同级政务公开主管部门，并在政府信息公开工作年度报告中公布，接受社会公众、新闻媒体的监督。

国务院办公厅关于推进公共资源配置领域政府信息公开的意见

（2017年12月19日　国办发〔2017〕97号）

各省、自治区、直辖市人民政府，国务院各部委、各直属机构：

按照党中央、国务院决策部署和《中共中央办公厅 国务院办公厅印发〈关于全面推进政务公开工作的意见〉的通知》等文件要求，为进一步推进公共资源配置领域政府信息公开，经国务院同意，现提出如下意见。

一、指导思想

全面贯彻党的十九大精神，坚持以习近平新时代中国特色社会主义思想为指导，统筹推进“五位一体”总体布局和协调推进“四个全面”战略布局，牢固树立和贯彻落实创新、协调、绿色、开放、共享的发展理念，不断推进国家治理体系和治理能力现代化，按照党中央、国务院关于全面推进政务公开工作的重要部署要求，推进公共资源配置决策、执行、管理、服务、结果公开，扩大公众监督，增强公开实效，努力实现公共资源配置全流程透明化，不断提高公共资源使用效益，维护企业和群众合法权益，为稳增长、促改革、调结构、惠民生、防风险作出贡献，促进经济社会持续健康发展。

二、主要任务

本意见所称公共资源配置，主要包括保障性安居工程建设、保障性住房分配、国有土地使用权和矿业权出让、政府采购、国有产权交易、工程建设项目招标投标等社会关注度高，具有公有性、公益性，对经济社会发展、民生改善有直接、广泛和重要影响的公共资源分配事项。各地区、各部门要根据区域、行业特点，进一步明确本地区、本行业公共资源配置信息公开范围，细化公开事项、内容、时限、方式、责任主体、监督渠道等，纳入主动公开目录清单。

（一）突出公开重点。

1. 住房保障领域。在项目建设方面，主要公开城镇保障性安居工程规划建设方案、年度建设计划信息（包括建设计划任务量、计划项目信息、计划户型）、建设计划完成情况信息（包括计划任务完成进度、已开工项目基本信息、已竣工项目基本信息、配套设施建设情况）、农村危房改造相关政策措施执行情况信息（包括农村危房改造政策、对象认定过程、补助资金分配、改造结果）；在住房分配方面，主要公开保障性住房分配政策、分配对象、分配房源、分配程序、分配过程、分配结果等信息。

2. 国有土地使用权出让领域。主要公开土地供应计划、出让公告、成交公示、供应结果等信息。

3. 矿业权出让领域。主要公开出让公告公示、审批结果信息、项目信息等信息。

4. 政府采购领域。主要公开采购项目公告、采购文件、采购项目预算金额、采购结果、采购合同等采购项目信息，财政部门作出的投诉和监督检查等处理决定、对集中采购机构的考核结果，违法失信行为记录等监督处罚信息。

5. 国有产权交易领域。除涉及商业秘密外，主要公开产权交易决策及批准信息、交易项目信息、转让价格、交易价格、相关中介机构审计结果等信息。

6. 工程建设项目招标投标领域。主要公开依法必须招标项目的审批核准备案信息、市场主体信用等信息。除涉及国家秘密、商业秘密外，招标公告（包括招标条件、项目概况与招标范围、投标人资格要求、招标文件获取、投标文件递交等）、中标候选人（包括中标候选人排序、名称、投标报价、工期、评标情况、项目负责人、个人业绩、有关证书及编号、中标候选人在投标文件中填报的资格能力条件、提出异议的渠道和方式等）、中标结果、合同订立及履行等信息都应向社会公布。

（二）明确公开主体。

按照“谁批准、谁公开，谁实施、谁公开，谁制作、谁公开”的原则，公共资源配置涉及行政审批的批准结果信息由审批部门负责公开；公共资源项目基本信息、配置（交易）过程信息、中标（成交）信息、合同履约信息由管理或实施公共资源配置的国家机关、企事业单位按照掌握信息的情况分别公开。此外，探索建立公共资源配置“黑名单”制度，逐步把骗取公共资源等不良行为的信息纳入“黑名单”，相关信息由负责管理的部门分别公开。

（三）拓宽公开渠道。

充分发挥政府网站第一平台作用，及时发布公共资源配置领域各类信息，畅通依申请公开渠道。积极利用政务微博微信、新闻媒体、政务客户端等拓宽信息公开渠道，开展在线服务，提升用户体验。构建以全国公共资源交易平台为枢纽的公共资源交易数据共享平台体系，推动实现公共资源配置全流程透明化，各类依法应当公开的公共资源交易公告、资格审查结果、交易过程信息、成交信息、履约信息以及有关变更信息等在指定媒介发布后，要与相应的公共资源交易平台实现信息共享，并实时交互至全国公共资源交易平台汇总发布。公共资源配置领域的信用信息要同时交互至全国信用信息共享平台，并依托“信用中国”网站及时予以公开。要把公共资源交易平台与其他政务信息系统进行整合共享，实现公共资源配置信息与其他政务信息资源共享衔接。

（四）强化公开时效。

坚持以公开为常态、不公开为例外，公共资源配置过程中产生的政府信息，除涉及国家秘密、商业秘密等内容外，应依法及时予以公开。确定为主动公开的信息，除法律法规另有规定外，要严格按照《中华人民共和国政府信息公开条例》规定，自政府信息形成或变更之日起20个工作日内予以公开，行政许可、行政处罚事项应自作出行政决定之日起7个工作日内上网公开。对于政府信息公开申请，要严格按照法定时限和理由予以答复。

三、保障措施

（一）强化组织领导。

各级政府和有关部门要高度重视公共资源配置领域的政府信息公开工作，加强组织领导，狠抓任务落实，以此作为深化政务公开工作的有效抓手。各级政府要建立健全协调机制，明确分工，夯实责任，政府办公厅（室）作为组织协调部门，要会同发展改革、工业和信息化、财政、国土资源、环保、住房城乡建设、交通运输、水利、农业、商务、卫生计生、审计、国有资产监督管理、税务、林业、铁路、民航等部门以及公共资源交易相关监管机构，提出明确工作目标和具体工作安排，认真组织实施并做好政务舆情监测和回应，确保任务逐项得到落实。

（二）加强监督检查。

各级政府要定期对公共资源配置领域政府信息公开工作进行检查，主要包括政府信息公开情况、公开时效、交易平台掌握信息报送和公开情况等。各有关部门每年要将本领域工作进展情况报同级政务公开主管部门，并在政府信息公开年度报告中公布，接受社会公众、新闻媒体的监督。

（三）做好考核评估。

地方各级政府要按照政务公开工作绩效考核相关规定，把公共资源配置领域政府信息公开工作纳入政务公开工作绩效考核范围，加大考核力度，并探索引入第三方评估机制，推动工作有效开展。建立健全激励约束机制，对未按照相关规定和要求履行公开职责的，要通报批评，并在年度考核中予以体现；对工作成效突出的，给予通报表扬。

国务院办公厅关于推进社会公益事业建设领域政府信息公开的意见

（2018年2月9日　国办发〔2018〕10号）

各省、自治区、直辖市人民政府，国务院各部委、各直属机构：

社会公益事业是增进民生福祉、惠及社会大众的事业，关系经济社会协调发展，对于保障和改善民生、促进社会和谐稳定、传承民族精神、引领社会风尚具有重要意义。近年来，我国社会公益事业建设取得显著成就，社会各界参与热情和关注度越来越高，但相关信息公开工作还存在不主动、不及时、不全面，面对公众关切解读引导不够等问题，一定程度上损害了社会公益事业的公信力和公平性。为进一步推动社会公益事业建设领域政府信息公开工作，推进国家治理体系和治理能力现代化，经国务院同意，现提出以下意见。

一、总体要求

（一）指导思想。全面贯彻党的十九大精神，坚持以习近平新时代中国特色社会主义思想为指导，按照党中央、国务院关于全面推进政务公开工作的部署和要求，准确把握社会公益事业建设规律和特点，进一步加大信息公开力度，明确公开重点，细化公开内容，增强公开实效，不断提升社会公益事业的透明度，让人民群众享有更多的获得感、幸福感、安全感，增强对党和政府的信任。

（二）基本原则。坚持依法依规，除法律法规有禁止性规定的外，社会公益事业建设领域政府信息都应当主动全面予以公开。坚持突出重点，围绕人民群众最关心最直接最现实的利益问题，明确相关信息公开的主体、内容、标准、方式、程序。坚持高效便民，面向基层，贴近群众，运用多种方式发布信息、解读政策、加强引导，便于群众知晓、理解和监督。坚持问题导向，以公开促规范、促服务、促治理，推动共建共治共享，促进社会公益事业健康有序发展。

（三）工作目标。经过3年左右的努力，公开内容覆盖社会公益事业建设各领域、各环节，公开工作制度化、规范化、标准化水平显著提高，社会公益事业透明度明显提升，社会公益资源配置更加公平公正，社会公益事业公益属性得到更好体现，全社会关心公益、支持公益、参与公益的氛围更加浓厚。

二、明确公开内容

（一）公开决策信息。加大社会公益事业建设领域重大决策公开力度，对群众利益影响直接、社会关注度高的重要改革方案、重大政策措施、重点建设项目等，要广泛征求意见并将各方面合理意见体现到决策中，结合实际尽可能把意见采纳情况予以公开。提升社会公益事业建设领域重大决策公开实效，公开前要认真评估公开的效果，避免引发不必要的攀比、炒作，公开后要认真对待并依法处理公众提出的相关意见。

（二）公开管理和服务信息。重点公开从事社会公益事业的公共企事业单位、社会组织名录，设立、变更、注销登记等审批信息，年检年报、评估检查、奖励处罚等管理信息。全面公开基本公共服务的项目清单、服务指南、服务标准、保障措施，及时准确公开政府购买公共服务、政府和社会资本合作提供公共服务等信息。推动公开城乡社区公共服务设施建设，财政资金直接投入和购买社区公共服务，社区公共服务项目、对象、办理流程、责任部门、供给状况和绩效评估等信息。

（三）公开执行和结果信息。加大党中央、国务院有关决策部署贯彻落实情况的公开力度，主动公开社会公益事业建设领域重要政策落实情况，尤其是国家面向困难群众的扶持、救助等政策落实情况和主要成效。深化社会公益事业建设资金分配和使用情况公开，准确记录资金的具体流向并向社会公开。加大彩票公益金使用规模、资助项目、执行情况和实际效果等信息的公开力度。鼓励开展社会公益事业建设评估，科学评价政策落实效果，及时公开评估结果。

三、突出公开重点

地方各级政府和国务院有关部门要以社会高度关注、公益色彩浓厚的社会公益事业为重点，着力推进脱贫攻坚、社会救助和社会福利、教育、基本医疗卫生、环境保护、灾害事故救援、公共文化体育等领域政府信息公开。同时要根据区域、行业特点，进一步明确本地区、本行业应重点公开的其他社会公益事业建设领域政府信息，不断扩大信息公开范围。

（一）脱贫攻坚领域。围绕“扶持谁、谁来扶、怎么扶、如何退”，进一步做好精准扶贫、精准脱贫信息公开工作。及时向社会公开扶贫政策，扶贫规划，扶贫项目名称、资金来源、实施期限、预期目标、实施结果、实施单位及责任人、举报电话、检查验收结果等信息，向特定区域特定群体公开贫困识别、贫困退出、扶贫资金分配和使用情况、帮扶责任人、扶贫成效等信息。注重运用技术手段实现公开的信息可检索、可核查、可利用，为社会各界参与脱贫攻坚事业提供服务，方便人民群众监督。

（二）社会救助和社会福利领域。重点围绕城乡低保、特困人员救助供养、受灾人员救助、医疗救助、教育救助、住房救助、就业救助、临时救助、老年人福利、残疾人福利、儿童福利、孤儿基本生活保障、计划生育特殊困难家庭扶助等事项，全面公开救助对象认定、救助标准，福利补贴申领及申请审批程序等相关政策，有针对性地公开救助款物的管理使用、福利补贴发放等情况。公开方式方法要因地制宜、因事制宜，既确保公开实效、维护底线公平，又保护好相关人员个人隐私。

（三）教育领域。立足办好人民满意的教育，进一步加大教育信息公开力度，重点做好义务教育、学前教育、特殊教育、职业教育、高等教育等方面的信息公开。紧扣利益关系直接、现实矛盾突出的事项，重点公开相关政策、发展规划、经费投入和使用、困难学生资助实施情况等信息。做好义务教育控辍保学、县域义务教育均衡发展等工作进展情况的公开。推动民办学校办学资质、办学质量、招生范围和收费等信息公开。

（四）基本医疗卫生领域。保障好人民群众对公共医疗卫生的知情权，重点公开重大疾病预防控制、国家免疫规划、突发公共卫生事件、传染病疫情及防控等信息。大力开展健康科普，针对妇女、未成年人、老年人等重点人群和农村、工矿企业等重点区域，开展专项健康科普，用现代医学知识为人民群众提供健康服务。进一步做好疾病应急救助、健康扶贫政策落实情况公开工作。探索利用信息公开手段加强卫生监督。深化食品安全信息公开，完善推广企业“黑名单”制度，让违法者寸步难行，让人民吃得放心。

（五）环境保护领域。进一步做好社会广泛关注的大气污染防治、水污染防治、土壤污染管控和修复等信息的公开工作。重点公开环境污染防治和生态保护政策措施、实施效果，污染源监测及减排，建设项目环境影响评价审批，重大环境污染和生态破坏事件调查处理，环境保护执法监管、投诉处理等信息。及时发布大范围重污染天气预警提示信息，统筹做好重污染天气期间信息发布、舆情引导等工作。健全环保信息强制性披露制度。

（六）灾害事故救援领域。准确及时发布自然灾害、重大事故灾难、公共卫生事件等突发事件的应急处置与救援、医疗救护与卫生防疫、次生灾害预警防范等工作情况及动态信息。及时发布灾害救助需求信息，推动做好救助款物和捐赠款物的数量、使用情况，救助对象及其接受救助款物数额，灾后恢复重建工作进展等信息的公开工作。

（七）公共文化体育领域。立足公共文化体育服务的公益性均等性便利性，大力推进公共文化体育的服务保障政策、服务体系建设、财政资金投入和使用、设施建设和使用，政府购买公共文化体育服务的目录、绩效评价结果等信息公开。公开文化遗产保护、公共文化体育设施名录、公益性文化服务活动、公益性体育赛事和活动、受捐款物管理使用等情况。

地方各级政府和国务院有关部门要按照各自职责权限，加强分类指导，建立健全长效机制，推动有关公共企事业单位、慈善组织如实公开社会公益事业信息。国务院教育、环境保护、文化、卫生计生等主管部门和其他有关部门要在2018年底前建立完善本部门监管的公共企事业单位信息公开制度，国务院民政部门要尽快制定出台慈善组织信息公开办法，不断提升社会公益事业建设领域政府信息公开的制度化规范化水平。

四、增强公开实效

（一）扩大公开范围。地方各级政府和国务院有关部门要梳理细化本地区、本部门社会公益事业建设领域应当公开的事项，主动、全面、及时公开相关政府信息。加强基层政务公开标准化规范化建设，探索形成符合基层实际的社会公益事业建设领域政府信息公开标准和规范。对公民、法人或者其他组织提出的社会公益事业建设领域政府信息公开申请，行政机关要按照《中华人民共和国政府信息公开条例》的规定认真办理，最大限度满足公众的信息需求。

（二）完善公开方式。要充分发挥政府网站、政务服务平台的优势，按照内容权威、格式规范、体例统一的要求，集中发布相关政府信息，归集展示公共企事业单位、社会组织发布的相关信息，便于公众查询利用。稳妥推进社会公益事业建设领域信息共享和数据开放，为部门间核对和社会开发利用提供条件。针对社会公益事业主要服务基层和特定群体的特点，灵活运用政务新媒体、新闻媒体、手机短信、公告栏、宣传手册、政务服务平台等多种载体和方式，定向发布，精准推送，提升信息覆盖面、到达率，确保人民群众看得到、看得懂。

（三）加强解读引导。要高度重视社会公益事业建设领域政策的解读和引导工作。对于出台的相关政策措施，注重更多运用客观事实进行解读，及时准确传递政策意图，赢得人民群众的理解和信任。对于敏感事项和存在地区、领域差异的相关政策，公开时要及时把政策解释清楚，避免误解误读。加强对社会公益事业建设领域热点舆情的预判、跟踪和处置，进一步提高对社会关切事项引导的针对性和时效性。要指导和监督从事社会公益事业的公共企事业单位、社会组织做好相关舆情处置工作，确保不失声、不缺位。

五、强化保障措施

（一）抓好组织实施。各地区各部门要充分认识推进社会公益事业建设领域政府信息公开的重要性，切实增强公开意识和服务意识，结合全面推进政务公开做好统筹谋划，形成常态化机制，务求取得实效。地方各级政府办公厅（室）要加强组织协调，会同本级政府有关部门提出具体措施，明确分工，压实责任，确保各项任务落到实处。

（二）开展考核评估。地方各级政府要把社会公益事业建设领域政府信息公开情况纳入政务公开工作绩效考核范围，加大督促落实力度。各有关部门可以根据工作需要，对所监管的公共企事业单位、慈善组织信息公开工作情况组织开展评估，公开评估结果。畅通群众投诉举报渠道，探索建立政府信息公开社会监督员制度，强化对社会公益事业建设领域政府信息公开工作的社会监督。

（三）强化监督问责。地方各级政府和国务院有关部门要加强对本地区本行业社会公益事业建设领域政府信息公开情况的监督检查。完善工作措施，强化激励约束，建立监督检查情况定期通报制度，对信息公开工作落实好的，予以通报表扬；对落实不到位的，予以通报批评；对违反有关规定、不履行公开义务并造成严重影响的，依法依规追究相关单位和人员的责任。

国务院办公厅政府信息与政务公开办公室关于机构改革后政府信息公开申请办理问题的解释

（2019年2月2日 国办公开办函〔2019〕14号）

广东省人民政府办公厅：

《关于请求明确依申请公开相关事宜处理方式的函》（粤办函〔2019〕4号）收悉。经研究并征求司法部、国家档案局、最高人民法院等单位意见，现函复如下：

按照有关法律规定，行政机关职权发生变更的，由负责行使有关职权的行政机关承担相应的责任。根据《中华人民共和国政府信息公开条例》有关规定，政府信息公开申请应当按照“谁收到、谁处理”的原则办理。对于行政机关职权划转后的政府信息公开责任划分问题，提出如下处理意见：

第一，行政机关涉及职权划转的，应当尽快将相关政府信息一并划转。

第二，申请人向职权划出行政机关申请相关政府信息公开的，职权划出行政机关可在征求职权划入行政机关意见后作出相应处理，也可告知申请人向职权划入行政机关另行提出申请。

第三，申请人向职权划入行政机关申请相关政府信息公开的，职权划入行政机关应当严格依法办理，与职权划出行政机关做好衔接，不得以相关政府信息尚未划转为由拒绝。

第四，相关政府信息已经依法移交国家档案馆、成为国家档案的，按照《中华人民共和国档案法》及相关规定管理。对于相关政府信息公开申请，行政机关可以告知申请人按照档案法的规定办理。

第五，行政机关职权划入党的机关的，如果党的机关对外加挂行政机关牌子，相关信息公开事项以行政机关名义参照前述规定办理；如果党的机关没有对外加挂行政机关牌子，相关信息公开事项按照《中国共产党党务公开条例（试行）》办理。

中华人民共和国交通运输部施行《政府信息公开条例》办法

（2008 年 4 月 8 日　交办发〔2008〕13 号）

第一章　总　　则

第一条　为保障公民、法人和其他组织依法获取政府交通运输信息，提高交通运输工作的透明度，促进依法行政，充分发挥政府交通运输信息对人民群众生产、生活和经济社会活动的服务作用，根据《中华人民共和国政府信息公开条例》，结合交通运输工作实际，制定本办法。

第二条　各级交通运输主管部门及依法行使公路、水路交通运输行政管理职权的机构（以下简称政府交通运输信息公开人）的信息公开工作适用本办法。

民航、邮政行政管理部门的政府信息公开另行规定。

第三条　本办法所称政府交通运输信息是指政府交通运输信息公开人在履行职责过程中制作或者获取的，以一定形式记录、保存的信息。

公民、法人和其他组织依法享有获取政府交通运输信息、要求公开政府交通运输信息的权利。

第四条　政府交通运输信息公开应当遵循合法、公正、公平和便民、及时、准确的原则。

第五条 各级交通运输主管部门应当加强对政府交通运输信息公开工作的组织领导，加强对所属具有公共事务管理职能的公路、水路交通运输管理机构交通运输信息公开工作的领导，积极推进、指导、协调和监督行业交通运输信息公开工作。

第六条 政府交通运输信息公开人应当建立健全政府交通运输信息公开制度，由办公厅（室）或者其他指定的机构（以下称政府交通运输信息公开工作机构）负责政府交通运输信息公开的日常工作。

政府交通运输信息公开工作机构的具体职责是：

（一）贯彻政府信息公开的法律、法规、规章和有关文件；

（二）建立健全政府交通运输信息公开制度；

（三）组织、协调本单位各内设部门的政府交通运输信息公开工作；

（四）组织依申请公开信息事项的办理工作；

（五）组织、协调本单位保密机构对拟公开的政府交通运输信息进行保密审查；

（六）指导、督促本单位各内设部门维护政府交通运输信息；

（七）组织编制政府交通运输信息公开指南、目录和政府交通运输信息公开工作年度报告；

（八）组织对政府交通运输信息公开工作的考核；

（九）指导、监督下级政府交通运输信息公开人的信息公开工作；

（十）其他与政府交通运输信息公开工作有关的职责。

第七条 政府交通运输信息公开人公开信息，不得危及国家安全、公共安全、经济安全和社会稳定。

政府交通运输信息公开人发现影响或者可能影响社会稳定、扰乱交通运输管理秩序的虚假或者不完整的有关交通运输信息的，应当发布准确的政府交通运输信息及时予以澄清。

第八条 政府交通运输信息公开人发布政府交通运输信息时，依照国家有关规定需要批准的，未经批准不得发布。

第九条 交通运输部门应当从人员、经费方面为本部门政府信息公开工作提供保障。

第二章 公开的内容

第十条 政府交通运输信息公开人应当在职责范围内主动公开下列政府交通运输信息：

（一）机构设置、职责范围、联系方式等组织机构情况；

（二）交通运输规章、规范性文件；

（三）交通运输规划及相关政策；

（四）交通运输行业标准、规范；

（五）交通运输行政许可项目、依据、条件、数量、程序、期限、申请行政许可需提交的全部材料目录及办理情况；

（六）交通运输行政处罚项目、依据、标准、程序、监督部门；

（七）交通运输规费征收项目、依据、标准；

（八）交通运输项目招投标情况；

（九）重大交通运输建设项目批准、实施情况；

（十）交通运输统计信息；

（十一）交通运输安全生产、工程质量的监督检查情况；

（十二）突发交通运输公共事件的预案、预警信息及应对与处置；

（十三）干部任免、公务员招录、人才招聘等人事管理情况；

（十四）行业精神文明、交通运输文化建设情况；

（十五）交通运输廉政制度建设情况；

（十六）投诉、举报、信访、依申请公开的途径；

（十七）法律、法规、规章规定应当公开的其他政府交通运输信息，以及公开人认为可以公开的其他信息。

县级以上地方人民政府赋予交通运输主管部门公路、水路以外的交通运输管理职能的，交通运输主管部门应当根据赋予的职能公开相应的信息。

第十一条 公民、法人和其他组织可以根据自身生产、生活、科研等特殊需要，向政府交通运输信息公开人申请获取本办法第十条以外的其他相关政府交通运输信息。

第十二条 政府交通运输信息公开人不得公开涉及国家秘密、商业秘密、个人隐私的政府交通运输信息。但是，经权利人同意公开的或者政府交通运输信息公开人认为不公开可能对公共利益造成重大影响的涉及商业秘密、个人隐私的政府交通运输信息,可以予以公开。

第十三条 政府交通运输信息公开人公开信息前,应当依照《中华人民共和国保守国家秘密法》、《交通工作国家秘密范围的规定》以及其他法律、法规和规定,遵循谁产生、谁公开、谁负责的原则,对拟公开的政府信息进行保密审查。

政府交通运输信息公开保密审查依照下列程序办理:

(一)信息产生单位对拟公开的信息进行保密审查,并填写《政府交通运输信息公开保密审查表》,由本单位领导审核,加盖公章后送有关信息公开发布部门对外公开。

(二)涉及多个部门、单位、处室的信息或综合性信息,由政府交通运输信息公开工作机构协调有关单位进行保密审查。

(三)各单位在保密审查过程中不能确定是否涉及国家秘密时,要说明信息来源及本单位的保密审查意见,报有关主管部门或者同级保密工作部门确定。

已经解密的政府交通运输信息,属于主动公开范围的,应当及时公开。

第三章 公开的方式和程序

第十四条 政府交通运输信息公开人应当将主动公开的政府交通运输信息,根据及时、有效、节约和易获取、易认知的原则,按以下 1 种或者几种方式予以公开:

(一)政府公报或者公开发行的政府(部门)信息专刊;

(二)政府网站;

(三)新闻发布会或者其他相关会议;

(四)广播、电视、报刊等媒体;

(五)交通运输行政办事大厅、服务中心、公共查阅室,以及场站、船闸、码头、服务区等交通运输公共服务场所的便民卡、信息公开栏、电子信息屏、触摸屏等公开方式;

(六)其他便于公众及时获得信息的方式。

第十五条 政府交通运输信息公开人应当积极创造条件设立服务电话,

受理有关业务信息咨询和投诉,公开有关政府交通运输信息。

第十六条 政府交通运输信息公开人制作的政府交通运输信息,由制作该信息的单位负责公开;获取的政府交通运输信息,由记录、保存该政府交通运输信息的单位负责公开。法律、法规对政府交通运输信息公开的权限另有规定的,从其规定。

第十七条 属于主动公开范围的政府交通运输信息,应当自该信息形成或者变更之日起 20 个工作日内公开,对公开的信息及时更新和维护。

法律、法规对政府信息公开期限另有规定的,从其规定。

第十八条 政府交通运输信息公开人应当编制、公布本单位(部门)信息公开指南和信息公开目录,并及时更新。

政府交通运输信息公开指南,应当包括政府交通运输信息的分类、编排体系、获取方式,政府交通运输信息公开工作机构的名称、办公地址、办公时间、联系方式、监督部门、监督电话等内容。

政府交通运输信息公开目录,应当包括政府交通运输信息的索引、名称、内容概述、生成日期等内容。

第十九条 主动公开政府交通运输信息按照下列程序进行:

(一)根据政府交通运输信息公开目录拟定公开内容;

(二)对需要公开的内容进行核实;

(三)对需要公开的内容进行保密审查;

(四)报请本单位(部门)负责人批准;

(五)采取规定和其他适当的形式进行公开。

第二十条 公民、法人和其他组织申请公开政府交通运输信息,应当采用书面形式向政府交通运输信息公开人提出申请;采用书面形式确有困难的,可以口头提出,由政府交通运输信息公开人代为填写。

申请应当包含申请人的姓名或者名称、身份证明、联系地址、联系方式、所需政府运输信息的描述以及获取该信息的方式。

政府交通运输信息公开人应当向申请人提供申请书格式文本。

第二十一条 政府交通运输信息公开人收到公民、法人和其他组织的申请应当予以登记。能够当场答复的,应当当场予以答复;不能当场答复的,应自收到申请书之日起 15 个工作日内,根据下列情况予以书面答复:

(一)属于公开范围的,应当告知申请人获取该政府信息的方式和途径;

（二）属于不予公开范围的，应当告知申请人并说明理由；

（三）依法不属于本行政机关公开或者该政府信息不存在的，应当告知申请人，对能够确定该政府信息的公开机关的，应当告知申请人该行政机关的名称；

（四）申请内容不明确的，应当告知申请人作出更改、补充；

（五）申请公开的政府交通运输信息含有不予公开的内容但能够区分处理的，将可以公开部分的信息向申请人公开。

第二十二条　依申请公开的政府交通运输信息，政府交通运输信息公开人因正当理由不能在规定的期限内作出答复的，经本单位政府交通运输信息公开工作机构负责人同意，可以将答复期限适当延长，并书面告知申请人，延长期限最长不超过15个工作日。

依申请公开的政府交通运输信息涉及第三方权益的，政府交通运输信息公开人征求第三方意见所需的时间不计算在规定的期限内。

政府交通运输信息公开人因不可抗力或者其他法定事由不能在规定的期限内作出答复的，期限中止，障碍消除后恢复计算。

第二十三条　公民、法人和其他组织发现与自身相关的政府交通运输信息记录不准确、不完整，可以提供相关的证据材料，要求政府交通运输信息公开人及时予以更正。政府交通运输信息公开人无权更正的，应当转送有权机关处理，并告知申请人。

对与公民、法人和其他组织自身相关信息的查询、提供，国家另有规定的，从其规定。

第二十四条　政府交通运输信息公开人依申请提供政府交通运输信息，有条件的可以安排适当场所，供申请人当场阅读或者抄录。

政府交通运输信息公开人依申请公开政府交通运输信息的，应当按照申请人要求的形式予以提供。无法按照申请人要求的形式提供的，可以通过安排申请人查阅相关资料、提供复印件或者其他适当形式提供。

第二十五条　政府交通运输信息公开人根据本办法或者依据申请人的申请公开、提供政府交通运输信息不得收费，但检索、复制、邮寄等成本费用除外。成本费用的收费标准按照国家有关规定执行。

政府交通运输信息公开人答复申请人不予提供的政府交通运输信息，不得再以有偿服务或者变相有偿服务的形式提供，不得通过与政府交通运输信息公开人有隶属关系或者业务指导等关系的企业、事业单位、中介组织以有偿或者变相有偿的形式向申请人提供。

第二十六条 按照各地有关规定经济困难的申请人，经本人申请，政府交通运输信息公开工作机构负责人审核同意，可以减免检索、复制、邮寄等成本费用。

申请人存在阅读困难或者视听障碍的，政府交通运输信息公开人应当提供必要的帮助。

第四章　监督与保障

第二十七条 政府交通运输信息公开人应当建立健全政府交通运输信息公开工作考核制度、社会评议制度和责任追究制度，定期对政府交通运输信息公开工作进行考核、评议。

政府交通运输信息公开工作考核制度，应当明确考核机构、对象、内容、标准、程序、形式以及考核结果的公开和使用。

政府交通运输信息公开工作社会评议制度，应当明确社会评议的组织机构，社会评议的对象、内容、程序、形式以及社会评议结果的公开和使用。

政府交通运输信息公开工作责任追究制度，应当明确责任追究的负责机构，责任追究的对象、标准、程序、形式。

第二十八条 政府交通运输信息公开工作的考核，应当纳入政府交通运输信息公开人年度工作目标考核管理。

第二十九条 政府交通运输信息公开人应当建立健全政府交通运输信息公开监督检查制度，政府交通运输信息公开工作机构和监察机构负责对政府交通运输信息公开的实施情况进行监督检查。

第三十条 政府交通运输信息公开人实施监督检查时，需要下级政府交通运输信息公开人作出说明、提交材料的，下级政府交通运输信息公开人应当按照要求提交情况说明和相应材料。

第三十一条 政府交通运输信息公开人应当在每年 3 月 31 日前公布本单位的政府交通运输信息公开工作年度报告，并报送上级交通运输主管部门。

政府交通运输信息公开工作年度报告应当包括下列内容：

(一)主动公开政府交通运输信息的情况;

(二)依申请公开政府交通运输信息和不予公开政府交通运输信息的情况;

(三)政府交通运输信息公开的收费及减免情况;

(四)因政府交通运输信息公开申请行政复议、提起行政诉讼的情况;

(五)政府交通运输信息公开工作存在的主要问题及改进情况;

(六)其他需要报告的事项。

第三十二条 公民、法人和其他组织认为政府交通运输信息公开人不依法履行政府交通运输信息公开义务的,可以向其上级主管部门举报。

收到举报的上级主管部门应当对举报内容进行登记、调查处理,并将结果书面告知举报人。

收到举报的上级主管部门应当为举报人保守秘密。

第三十三条 公民、法人和其他组织认为政府交通运输信息公开人在政府交通运输信息公开工作中的具体行政行为侵犯其合法权益的,可以依法申请行政复议或者提起行政诉讼。

第三十四条 公民、法人和其他组织使用公开的政府交通运输信息,不得损害国家利益、公共利益和他人的合法权益。

第三十五条 政府交通运输信息公开人违反《中华人民共和国政府信息公开条例》和本办法规定,有下列情形之一的,由上级主管部门或者有权机关责令其改正;情节严重的,对负有直接责任的主管人员和其他直接责任人员依法给予行政处分;构成犯罪的,依法追究刑事责任:

(一)不依法履行政府交通运输信息公开义务的;

(二)不及时更新政府交通运输信息内容、政府交通运输信息公开指南和政府交通运输信息公开目录的;

(三)在公开政府交通运输信息过程中违反规定收取费用的;

(四)通过其他组织、个人以有偿服务方式提供政府交通运输信息的;

(五)公开不应当公开的政府交通运输信息的;

(六)违反《中华人民共和国政府信息公开条例》和本办法规定的其他行为。

第五章　附　　则

第三十六条　县级以上地方人民政府交通运输主管部门可以依据本办法,制定实施细则。

第三十七条　为社会提供公共服务的交通运输企事业单位在提供社会公共服务过程中制作、获取的相关信息的公开,另行规定。

第三十八条　本办法自2008年5月1日起施行。

高等学校信息公开办法

（2010年4月6日教育部令第29号公布
自2010年9月1日起施行）

第一章　总　　则

第一条　为了保障公民、法人和其他组织依法获取高等学校信息,促进高等学校依法治校,根据高等教育法和政府信息公开条例的有关规定,制定本办法。

第二条　高等学校在开展办学活动和提供社会公共服务过程中产生、制作、获取的以一定形式记录、保存的信息,应当按照有关法律法规和本办法的规定公开。

第三条　国务院教育行政部门负责指导、监督全国高等学校信息公开工作。

省级教育行政部门负责统筹推进、协调、监督本行政区域内高等学校信息公开工作。

第四条 高等学校应当遵循公正、公平、便民的原则，建立信息公开工作机制和各项工作制度。

高等学校公开信息，不得危及国家安全、公共安全、经济安全、社会稳定和学校安全稳定。

第五条 高等学校应当建立健全信息发布保密审查机制，明确审查的程序和责任。高等学校公开信息前，应当依照法律法规和国家其他有关规定对拟公开的信息进行保密审查。

有关信息依照国家有关规定或者根据实际情况需要审批的，高等学校应当按照规定程序履行审批手续，未经批准不得公开。

第六条 高等学校发现不利于校园和社会稳定的虚假信息或者不完整信息的，应当在其职责范围内及时发布准确信息予以澄清。

第二章 公开的内容

第七条 高等学校应当主动公开以下信息：

（一）学校名称、办学地点、办学性质、办学宗旨、办学层次、办学规模，内部管理体制、机构设置、学校领导等基本情况。

（二）学校章程以及学校制定的各项规章制度。

（三）学校发展规划和年度工作计划。

（四）各层次、类型学历教育招生、考试与录取规定，学籍管理、学位评定办法，学生申诉途径与处理程序；毕业生就业指导与服务情况等。

（五）学科与专业设置，重点学科建设情况，课程与教学计划，实验室、仪器设备配置与图书藏量，教学与科研成果评选，国家组织的教学评估结果等。

（六）学生奖学金、助学金、学费减免、助学贷款与勤工俭学的申请与管理规定等。

（七）教师和其他专业技术人员数量、专业技术职务等级，岗位设置管理与聘用办法，教师争议解决办法等。

（八）收费的项目、依据、标准与投诉方式。

（九）财务、资产与财务管理制度，学校经费来源、年度经费预算决算方案，财政性资金、受捐赠财产的使用与管理情况，仪器设备、图书、药品等物资设备采购和重大基建工程的招投标。

（十）自然灾害等突发事件的应急处理预案、处置情况，涉及学校的重大事件的调查和处理情况。

（十一）对外交流与中外合作办学情况，外籍教师与留学生的管理制度。

（十二）法律、法规和规章规定需要公开的其他事项。

第八条 除第七条规定需要公开的信息外，高等学校应当明确其他需要主动公开的信息内容与公开范围。

第九条 除高等学校已公开的信息外，公民、法人和其他组织还可以根据自身学习、科研、工作等特殊需要，以书面形式（包括数据电文形式）向学校申请获取相关信息。

第十条 高等学校对下列信息不予公开：

（一）涉及国家秘密的；

（二）涉及商业秘密的；

（三）涉及个人隐私的；

（四）法律、法规和规章以及学校规定的不予公开的其他信息。

其中第（二）项、第（三）项所列的信息，经权利人同意公开或者高校认为不公开可能对公共利益造成重大影响的，可以予以公开。

第三章 公开的途径和要求

第十一条 高等学校校长领导学校的信息公开工作。校长（学校）办公室为信息公开工作机构，负责学校信息公开的日常工作，具体职责是：

（一）具体承办本校信息公开事宜；

（二）管理、协调、维护和更新本校公开的信息；

（三）统一受理、协调处理、统一答复向本校提出的信息公开申请；

（四）组织编制本校的信息公开指南、信息公开目录和信息公开工作年度报告；

（五）协调对拟公开的学校信息进行保密审查；

（六）组织学校信息公开工作的内部评议；

（七）推进、监督学校内设组织机构的信息公开；

（八）承担与本校信息公开有关的其他职责。

高等学校应当向社会公开信息公开工作机构的名称、负责人、办公地址、办公时间、联系电话、传真号码、电子邮箱等。

第十二条 对依照本办法规定需要公开的信息,高等学校应当根据实际情况,通过学校网站、校报校刊、校内广播等校内媒体和报刊、杂志、广播、电视等校外媒体以及新闻发布会、年鉴、会议纪要或者简报等方式予以公开;并根据需要设置公共查阅室、资料索取点、信息公告栏或者电子屏幕等场所、设施。

第十三条 高等学校应当在学校网站开设信息公开意见箱,设置信息公开专栏、建立有效链接,及时更新信息,并通过信息公开意见箱听取对学校信息公开工作的意见和建议。

第十四条 高等学校应当编制信息公开指南和目录,并及时公布和更新。信息公开指南应当明确信息公开工作机构,信息的分类、编排体系和获取方式,依申请公开的处理和答复流程等。信息公开目录应当包括信息的索引、名称、生成日期、责任部门等内容。

第十五条 高等学校应当将学校基本的规章制度汇编成册,置于学校有关内部组织机构的办公地点、档案馆、图书馆等场所,提供免费查阅。

高等学校应当将学生管理制度、教师管理制度分别汇编成册,在新生和新聘教师报到时发放。

第十六条 高等学校完成信息制作或者获取信息后,应当及时明确该信息是否公开。确定公开的,应当明确公开的受众;确定不予公开的,应当说明理由;难以确定是否公开的,应当及时报请高等学校所在地省级教育行政部门或者上级主管部门审定。

第十七条 属于主动公开的信息,高等学校应当自该信息制作完成或者获取之日起 20 个工作日内予以公开。公开的信息内容发生变更的,应当在变更后 20 个工作日内予以更新。

学校决策事项需要征求教师、学生和学校其他工作人员意见的,公开征求意见的期限不得少于 10 个工作日。

法律法规对信息内容公开的期限另有规定的,从其规定。

第十八条 对申请人的信息公开申请,高等学校根据下列情况在 15 个工作日内分别作出答复:

(一)属于公开范围的,应当告知申请人获取该信息的方式和途径。

（二）属于不予公开范围的，应当告知申请人并说明理由。

（三）不属于本校职责范围的或者该信息不存在的，应当告知申请人，对能够确定该信息的职责单位的，应当告知申请人该单位的名称、联系方式。

（四）申请公开的信息含有不应当公开的内容但能够区分处理的，应当告知申请人并提供可以公开的信息内容，对不予公开的部分，应当说明理由。

（五）申请内容不明确的，应当告知申请人作出更改、补充；申请人逾期未补正的，视为放弃本次申请。

（六）同一申请人无正当理由重复向同一高等学校申请公开同一信息，高等学校已经作出答复且该信息未发生变化的，应当告知申请人，不再重复处理。

（七）高等学校根据实际情况作出的其他答复。

第十九条 申请人向高等学校申请公开信息的，应当出示有效身份证件或者证明文件。

申请人有证据证明高等学校提供的与自身相关的信息记录不准确的，有权要求该高等学校予以更正；该高等学校无权更正的，应当转送有权更正的单位处理，并告知申请人。

第二十条 高等学校向申请人提供信息，可以按照学校所在地省级价格部门和财政部门规定的收费标准收取检索、复制、邮寄等费用。收取的费用应当纳入学校财务管理。

高等学校不得通过其他组织、个人以有偿方式提供信息。

第二十一条 高等学校应当健全内部组织机构的信息公开制度，明确其信息公开的具体内容。

第四章 监督和保障

第二十二条 国务院教育行政部门开展对全国高等学校推进信息公开工作的监督检查。

省级教育行政部门应当加强对本行政区域内高等学校信息公开工作的日常监督检查。

高等学校主管部门应当将信息公开工作开展情况纳入高等学校领导干

部考核内容。

第二十三条 省级教育行政部门和高等学校应当将信息公开工作纳入干部岗位责任考核内容。考核工作可与年终考核结合进行。

高等学校内设监察部门负责组织对本校信息公开工作的监督检查,监督检查应当有教师、学生和学校其他工作人员代表参加。

第二十四条 高等学校应当编制学校上一学年信息公开工作年度报告,并于每年10月底前报送所在地省级教育行政部门。中央部门所属高校,还应当报送其上级主管部门。

第二十五条 省级教育行政部门应当建立健全高等学校信息公开评议制度,聘请人大代表、政协委员、家长、教师、学生等有关人员成立信息公开评议委员会或者以其他形式,定期对本行政区域内高等学校信息公开工作进行评议,并向社会公布评议结果。

第二十六条 公民、法人和其他组织认为高等学校未按照本办法规定履行信息公开义务的,可以向学校内设监察部门、省级教育行政部门举报;对于中央部委所属高等学校,还可向其上级主管部门举报。收到举报的部门应当及时处理,并以适当方式向举报人告知处理结果。

第二十七条 高等学校违反有关法律法规或者本办法规定,有下列情形之一的,由省级教育行政部门责令改正;情节严重的,由省级教育行政部门或者国务院教育行政部门予以通报批评;对高等学校直接负责的主管领导和其他直接责任人员,由高等学校主管部门依据有关规定给予处分:

(一)不依法履行信息公开义务的;

(二)不及时更新公开的信息内容、信息公开指南和目录的;

(三)公开不应当公开的信息的;

(四)在信息公开工作中隐瞒或者捏造事实的;

(五)违反规定收取费用的;

(六)通过其他组织、个人以有偿服务方式提供信息的;

(七)违反有关法律法规和本办法规定的其他行为的。

高等学校上述行为侵害当事人合法权益,造成损失的,应当依法承担民事责任。

第二十八条 高等学校应当将开展信息公开工作所需经费纳入年度预算,为学校信息公开工作提供经费保障。

第五章 附 则

第二十九条 本办法所称的高等学校，是指大学、独立设置的学院和高等专科学校，其中包括高等职业学校和成人高等学校。

高等学校以外其他高等教育机构的信息公开，参照本办法执行。

第三十条 已经移交档案工作机构的高等学校信息的公开，依照有关档案管理的法律、法规和规章执行。

第三十一条 省级教育行政部门可以根据需要制订实施办法。高等学校应当依据本办法制订实施细则。

第三十二条 本办法自2010年9月1日起施行。

慈善组织信息公开办法

（2018年8月6日民政部令第61号公布
自2018年9月1日起施行）

第一条 为规范慈善组织的信息公开行为，保护捐赠人、志愿者、受益人等慈善活动参与者的合法权益，维护社会公众的知情权，促进慈善事业发展，根据《中华人民共和国慈善法》（以下简称《慈善法》）制定本办法。

第二条 慈善组织应当依法履行信息公开义务，信息公开应当真实、完整、及时。

慈善组织应当建立信息公开制度，明确信息公开的范围、方式和责任。

慈善组织应当对信息的真实性负责，不得有虚假记载、误导性陈述或者重大遗漏，不得以新闻发布、广告推广等形式代替应当履行的信息公开义务。

第三条 慈善组织应当依照有关法律法规和本办法规定,在民政部门提供的统一的信息平台(以下简称统一信息平台),向社会公开下列信息:

(一)本办法规定的基本信息;

(二)年度工作报告和财务会计报告;

(三)公开募捐情况;

(四)慈善项目有关情况;

(五)慈善信托有关情况;

(六)重大资产变动及投资、重大交换交易及资金往来、关联交易行为等情况;

(七)法律法规要求公开的其他信息。

第四条 慈善组织应当自下列基本信息形成之日起30日内,在统一信息平台向社会公开:

(一)经民政部门核准的章程;

(二)决策、执行、监督机构成员信息;

(三)下设的办事机构、分支机构、代表机构、专项基金和其他机构的名称、设立时间、存续情况、业务范围或者主要职能;

(四)发起人、主要捐赠人、管理人员、被投资方以及与慈善组织存在控制、共同控制或者重大影响关系的个人或者组织(以下简称重要关联方);

(五)本组织的联系人、联系方式,以本组织名义开通的门户网站、官方微博、官方微信或者移动客户端等网络平台;

(六)本组织的信息公开制度、项目管理制度、财务和资产管理制度。

基本信息中属于慈善组织登记事项的,由民政部门予以公开,慈善组织可以免予公开。

慈善组织可以将基本信息制作纸质文本置于本组织的住所,方便社会公众查阅、复制。

第五条 具有公开募捐资格的慈善组织应当公开的基本信息还包括:

(一)按年度公开在本组织领取报酬从高到低排序前五位人员的报酬金额;

(二)本组织出国(境)经费、车辆购置及运行费用、招待费用、差旅费用的标准。

第六条 慈善组织应当按照有关法律法规规定的时限,将年度工作报告和财务会计报告在统一信息平台向社会公开。具有公开募捐资格的慈善组织的年度财务会计报告需经审计。

年度工作报告的具体内容和基本格式由国务院民政部门统一制定。

第七条 慈善组织开展公开募捐活动,应当在募捐活动现场或者募捐活动载体的显著位置,公布组织名称、公开募捐资格证书、备案的募捐方案、联系方式、募捐信息查询方法等,并在统一信息平台向社会公开。慈善组织与其他组织或者个人合作开展公开募捐的,还应当公开合作方的有关信息。

慈善组织通过互联网开展公开募捐的,应当按照有关规定发布募捐信息。

第八条 具有公开募捐资格的慈善组织开展公开募捐活动,应当在公开募捐活动结束后三个月内在统一信息平台公开下列信息:

(一)募得款物情况;

(二)已经使用的募得款物的用途,包括用于慈善项目和其他用途的支出情况;

(三)尚未使用的募得款物的使用计划。

公开募捐周期超过六个月的,至少每三个月公开一次前款第(一)、第(二)项所规定的信息。

第九条 慈善组织在设立慈善项目时,应当在统一信息平台公开该慈善项目的名称和内容,慈善项目结束的,应当公开有关情况。

具有公开募捐资格的慈善组织为慈善项目开展公开募捐活动的,还应当公开相关募捐活动的名称。

慈善项目由慈善信托支持的,还应当公开相关慈善信托的名称。

第十条 具有公开募捐资格的慈善组织,应当在慈善项目终止后三个月内,在统一信息平台向社会公开慈善项目实施情况,包括:项目名称、项目内容、实施地域、受益人群、来自公开募捐和其他来源的收入、项目的支出情况,项目终止后有剩余财产的还应当公开剩余财产的处理情况。

项目实施周期超过六个月的,至少每三个月公开一次项目实施情况。

第十一条 慈善组织担任慈善信托受托人的,应当每年至少一次将信托事务处理情况及财务状况在统一信息平台向社会公开。

第十二条　慈善组织发生下列情形后 30 日内，应当在统一信息平台向社会公开具体内容和金额：

（一）重大资产变动；

（二）重大投资；

（三）重大交易及资金往来。

前款中规定的重大资产变动、重大投资、重大交易及资金往来的具体标准，由慈善组织依据有关法律法规规章在本组织章程或者财务资产管理制度中规定。

第十三条　慈善组织在下列关联交易等行为发生后 30 日内，应当在统一信息平台向社会公开具体内容和金额：

（一）接受重要关联方捐赠；

（二）对重要关联方进行资助；

（三）与重要关联方共同投资；

（四）委托重要关联方开展投资活动；

（五）与重要关联方发生交易；

（六）与重要关联方发生资金往来。

第十四条　慈善组织应当在统一信息平台为每年的年度工作报告和财务会计报告、每个公开募捐活动和慈善项目建立相对独立的信息条目。

慈善组织需要对统一信息平台的信息进行更正的，应当在统一信息平台填写并公布更正说明，有独立信息条目的在相应信息条目下予以公布。基本信息发生变更的，慈善组织应当在变更后 30 日内在统一信息平台向社会公布。

第十五条　慈善组织开展定向募捐的，应当及时向捐赠人告知募捐情况、捐赠款物管理使用情况。捐赠人要求将捐赠款物管理使用情况向社会公开的，慈善组织应当向社会公开。

第十六条　慈善组织应当向受益人告知其资助标准、工作流程和工作规范等信息。

鼓励慈善组织向社会公开前款规定的信息。

第十七条　慈善组织招募志愿者参与慈善服务，应当公示与慈善服务有关的全部信息，以及在服务过程中可能发生的风险。

第十八条　慈善组织对外公开有关机关登记、核准、备案的事项时，应当与有关机关的信息一致。

慈善组织公布的信息相互之间应当一致。

慈善组织在其他渠道公布的信息,应当与其在统一信息平台上公布的信息一致。

第十九条 涉及国家秘密、商业秘密、个人隐私的信息以及捐赠人、志愿者、受益人、慈善信托的委托人不同意公开的姓名、名称、住所、通讯方式等信息,不得公开。

第二十条 慈善组织不及时公开应当公开的事项或者公开的事项不真实的,任何单位或者个人可以向民政部门投诉、举报。

第二十一条 民政部门可以要求慈善组织就信息公开的相关事项作出说明,必要时可以进行约谈,并向社会公开。

第二十二条 慈善组织违反本办法规定的,民政部门可以责令限期改正。

第二十三条 慈善组织有下列情形的,民政部门依据《慈善法》第九十九条的有关规定进行处罚:

(一)未依法履行信息公开义务的;

(二)泄露捐赠人、志愿者、受益人个人隐私以及捐赠人、志愿者、受益人、慈善信托的委托人不同意公开的姓名、名称、住所、通讯方式等信息的。

第二十四条 慈善组织在信息公开中违反有关法律法规规章和本办法规定的,民政部门应当进行记录,并将相关情况通报有关部门,根据有关规定实施联合惩戒。

第二十五条 民政部门工作人员在工作中滥用职权、徇私舞弊、玩忽职守的,由上级机关或者监察机关依法责令改正;依法应当给予处分的,由任免机关或者监察机关对直接负责的主管人员和其他直接责任人员给予处分。

第二十六条 本办法自 2018 年 9 月 1 日起施行。

国家知识产权局政府信息公开实施办法(修订)

(2019 年 11 月 18 日 国知办发办字〔2019〕43 号)

第一章 总 则

第一条 为了保障公民、法人和其他组织依法获取国家知识产权局政府信息,充分发挥政府信息对人民群众生产、生活和经济社会活动的服务作用,根据《中华人民共和国政府信息公开条例》,结合工作实际,制定本办法。

第二条 本办法所称政府信息,是指国家知识产权局在履行行政管理职责过程中制作或者获取的,以一定形式记录、保存的信息。

第三条 国家知识产权局设立政府信息与政务公开领导小组,负责全局政务信息公开和政府信息公开的组织领导工作。

领导小组在局办公室设立政府信息公开办公室(对外称国家知识产权局政府信息公开办公室,以下简称信息公开办),具体负责政府信息公开的日常工作。

信息公开办的主要职责是:

(一)牵头办理政府信息公开事宜;指导、协调、监督各部门单位的政府信息公开工作;

(二)维护和更新局公开的政府信息;

(三)组织编制政府信息公开指南、政府信息公开目录和政府信息公开工作年度报告;

(四)组织开展对拟公开政府信息的审查;

(五)接收、批分公民、法人或者其他组织提交的政府信息公开申请,实施统一答复;

(六)负责局政府信息与政务公开领导小组日常工作;

(七)负责局政府信息公开的其他工作。

局机关各部门、专利局各部门、商标局应指定一名政府信息公开工作联络员,并将名单报信息公开办备案。联络员发生变动的,应于5个工作日内将新的联络人向信息公开办报备。

第四条　公开政府信息应当坚持以公开为常态、不公开为例外,遵循公正、公平、合法、便民的原则。

第五条　应当及时、准确地公开政府信息。

发现涉及知识产权的,影响或者可能影响社会稳定、扰乱社会和经济管理秩序的虚假或者不完整信息,主办部门单位应当主动或在信息公开办要求下,在职责范围内发布准确的政府信息予以澄清。

第二章　公开的主体和范围

第六条　部门单位制作的政府信息,由制作该政府信息的部门单位负责公开;从公民、法人和其他组织获取的政府信息,由保存该政府信息的部门单位负责公开;从其他行政机关获取的政府信息,由制作或者最初获取该政府信息的行政机关负责公开。法律、法规对政府信息公开的权限另有规定的,从其规定。

国家知识产权局与其他行政机关共同制作的政府信息,由牵头制作的行政机关负责公开。

第七条　建立健全政府信息公开协调机制。公开政府信息涉及其他机关的,应当与有关机关协商、确认,保证行政机关公开的政府信息准确一致。

公开政府信息依照法律、行政法规和国家有关规定需要批准的,经批准予以公开。

第八条　依法确定为国家秘密的政府信息,法律、行政法规禁止公开的政府信息,以及公开后可能危及国家安全、公共安全、经济安全、社会稳定的政府信息,不予公开。

第九条　涉及商业秘密、个人隐私等公开会对第三方合法权益造成损害的政府信息,不得公开。但是,第三方同意公开或者国家知识产权局认为不公开会对公共利益造成重大影响的,予以公开。

第十条 局人事管理、后勤管理、内部工作流程等方面的内部事务信息,可以不予公开。

在履行行政管理职能过程中形成的讨论记录、过程稿、磋商信函、请示报告等过程性信息以及行政执法案卷信息,可以不予公开。法律、法规、规章规定上述信息应当公开的,从其规定。

第十一条 依照《中华人民共和国保守国家秘密法》以及其他法律、法规和国家有关规定,遵循"谁制作、谁公开"和"先审查、后公开"原则,政府信息公开保密审查程序与公文运转程序、信息发布程序相结合,发布政府信息应提供保密审查依据。

部门单位在制作政府信息时,应当确定该信息是否公开及公开范围、公开内容是否需要删减。对不能确定是否公开及公开范围的政府信息,应当报信息公开办审核,必要时报政府信息与政务公开领导小组审批。

国家知识产权局不能确定政府信息是否可以公开的,应当依照法律、法规和国家有关规定报有关主管部门或者保密行政管理部门确定。

第十二条 建立健全政府信息管理动态调整机制,信息公开办和部门单位应对不予公开的政府信息进行定期评估审查,对因情势变化可以公开的政府信息应当公开。

第三章 主动公开

第十三条 对涉及公众利益调整、需要公众广泛知晓或者需要公众参与决策的政府信息应当主动公开。应当主动公开下列政府信息:

(一)行政法规、规章和规范性文件;

(二)机关职能、机构设置、办公地址、办公时间、联系方式、负责人姓名;

(三)国家知识产权局发展规划及相关政策,重要工作部署及实施情况;

(四)《中华人民共和国专利法》及其实施细则规定在专利申请、审批及复审、无效等程序中应当对外公开的信息;

(五)《中华人民共和国商标法》及其实施条例规定在商标申请、审查、异议及驳回复审、无效等程序中应当对外公开的信息;

(六)专利代理机构的审批决定、全国专利代理师资格考试的有关政策、规定;商标代理的备案信息;

(七)知识产权年度统计信息;

(八)办理行政许可和其他对外管理服务事项的依据、条件、程序以及办理结果;

(九)实施行政处罚、行政强制的依据、条件、程序以及本部门单位认为具有一定社会影响的行政处罚决定;

(十)财政预算、决算信息;

(十一)行政事业性收费和涉企收费项目及其依据、标准;

(十二)重大建设项目的批准和实施情况;

(十三)公务员招考的职位、名额、报考条件等事项以及录用结果;

(十四)法律、法规、规章和国家有关规定规定应当主动公开的其他政府信息。

第十四条 局政府信息主要按以下方式公开:

(一)政府门户网站,政务微博,政务微信公众号;

(二)国家知识产权局公报、文告、主管报刊等;

(三)新闻发布会;

(四)国家知识产权局业务受理大厅、商标注册大厅、客户服务中心;

(五)其他可以公开政府信息的方式。

第十五条 属于主动公开范围的政府信息,由制作该政府信息的部门单位自该政府信息形成或者变更之日起 20 个工作日内及时公开。法律、法规对政府信息公开的期限另有规定的,从其规定。

第四章 依申请公开

第十六条 对于公民、法人或者其他组织提出的公开申请,经审查符合受理条件,由信息公开办会同相关部门单位对其申请进行答复,信息公开办负责将答复结果告知申请人。

第十七条 对于内容不明确的政府信息公开申请,应当给予指导和释明,并自收到申请之日起 7 个工作日内一次性告知申请人作出补正,说明需要补正的事项和合理的补正期限。答复期限自收到补正的申请之日起计算。

申请人无正当理由逾期不补正的，视为放弃申请，不再处理该政府信息公开申请。

第十八条 收到政府信息公开申请的时间，按照下列规定确定：

（一）申请人当面提交政府信息公开申请的，以提交之日为收到申请之日；

（二）申请人以邮寄方式提交政府信息公开申请的，以局签收之日为收到申请之日；以平常信函等无需签收的邮寄方式提交政府信息公开申请的，信息公开办应当于收到申请的当日与申请人确认，确认之日为收到申请之日；

（三）申请人通过互联网渠道提交政府信息公开申请的，信息公开办在收到申请的当日以电子邮件形式与申请人确认，确认之日为收到申请之日。

第十九条 部门单位收到信息公开办转交的政府信息公开申请后，应当在规定时限内反馈答复意见；如认为依据职责或分工不应由本部门单位答复的，应当在2个工作日内商信息公开办解决。

第二十条 依申请公开的政府信息公开会损害第三方合法权益的，负责承办的部门单位需书面征求第三方的意见。第三方应当自收到征求意见书之日起15个工作日内提出意见。第三方逾期未提出意见的，由国家知识产权局依照《中华人民共和国政府信息公开条例》的规定决定是否公开。第三方不同意公开且有合理理由的，国家知识产权局不予公开。国家知识产权局认为不公开可能对公共利益造成重大影响的，可以决定予以公开，并将决定公开的政府信息内容和理由书面告知第三方。

第二十一条 对收到的政府信息公开申请能够当场答复的，应当当场予以答复。

不能当场答复的，应当自收到申请之日起20个工作日内予以答复；需要延长答复期限的，应当经信息公开办负责人同意并告知申请人，延长的期限最长不得超过20个工作日。

征求第三方和其他机关意见所需时间不计算在前款规定的期限内。

第二十二条 申请公开的政府信息由国家知识产权局牵头与其他行政机关共同制作的，国家知识产权局收到政府信息公开申请后应当征求相关行政机关的意见，被征求意见机关应当自收到征求意见书之日起15个工作日内提出意见，逾期未提出意见的视为同意公开。

第二十三条 申请人申请公开政府信息的数量、频次明显超过合理范围,信息公开办可以要求申请人说明理由。信息公开办认为申请理由不合理的,告知申请人不予处理;认为申请理由合理,但是无法在20个工作日内答复申请人的,可以确定延迟答复的合理期限并告知申请人。

第二十四条 对政府信息公开申请,根据下列情况分别作出答复:

(一)所申请公开信息已经主动公开的,告知申请人获取该政府信息的方式、途径;

(二)所申请公开信息可以公开的,向申请人提供该政府信息,或者告知申请人获取该政府信息的方式、途径和时间;

(三)依据《中华人民共和国政府信息公开条例》的规定决定不予公开的,告知申请人不予公开并说明理由;

(四)经检索没有所申请公开信息的,告知申请人该政府信息不存在;

(五)所申请公开信息不属于本行政机关负责公开的,告知申请人并说明理由;能够确定负责公开该政府信息的行政机关的,告知申请人该行政机关的名称、联系方式;

(六)已就申请人提出的政府信息公开申请作出答复、申请人重复申请公开相同政府信息的,告知申请人不予重复处理;

(七)所申请公开信息属于工商、不动产登记资料等信息,有关法律、行政法规对信息的获取有特别规定的,告知申请人依照有关法律、行政法规的规定办理。

第二十五条 申请公开的信息中含有不应当公开或者不属于政府信息的内容,但是能够作区分处理的,应当向申请人提供可以公开的政府信息内容,并对不予公开的内容说明理由。

第二十六条 向申请人提供的信息,应当是已制作或者获取的政府信息。除能够作区分处理的外,需要对现有政府信息进行加工、分析的,可以不予提供。

第二十七条 申请人以政府信息公开申请的形式进行信访、投诉、举报、业务咨询等活动,应当告知申请人不作为政府信息公开申请处理并可以告知通过相应渠道提出。

申请人提出的申请内容为要求提供政府公报、报刊、书籍等公开出版物的,可以告知获取的途径。

第二十八条 依申请公开政府信息,应当根据申请人的要求及局保存政府信息的实际情况,确定提供政府信息的具体形式;按照申请人要求的形式提供政府信息,可能危及政府信息载体安全或者公开成本过高的,可以通过电子数据以及其他适当形式提供,或者安排申请人查阅、抄录相关政府信息。

第二十九条 公民、法人或者其他组织有证据证明国家知识产权局提供的与其自身相关的政府信息记录不准确的,可以要求更正。局有权更正且审核属实的,应当予以更正并告知申请人;不属于局职能范围的,将转送有权更正的行政机关处理并告知申请人,或者告知申请人向有权更正的行政机关提出。

第三十条 依申请提供政府信息,不收取费用。但是申请人申请公开政府信息的数量、频次明显超过合理范围的,可根据国务院有关规定收取信息处理费。

第三十一条 申请公开政府信息的公民存在阅读困难或者视听障碍的,应当为其提供必要的帮助。

第三十二条 多个申请人就相同政府信息提出公开申请,且该政府信息属于可以公开的,应当将其纳入主动公开的范围。信息公开办应指导、督促制作该政府信息的部门单位调整信息公开属性。

对依申请公开的政府信息,申请人认为涉及公众利益调整、需要公众广泛知晓或者需要公众参与决策的,可以建议将该信息纳入主动公开的范围。经信息公开办审核认为属于主动公开范围的,应当及时主动公开,并指导、督促制作该政府信息的部门单位调整信息公开属性。

第五章 监督与保障

第三十三条 建立政府信息公开工作考核制度、社会评议制度和责任追究制度,定期对政府信息公开工作进行考核、评议。

第三十四条 信息公开办应当加强对政府信息公开工作的日常指导和监督检查,对未按照要求开展政府信息公开工作的部门,予以督促整改或者通报批评;需要对负有责任的部门单位负责人和直接责任人追究责任的,依法向机关纪委提出处理建议。

公民、法人或者其他组织认为国家知识产权局未按照要求主动公开政府信息或者对政府信息公开申请不依法答复处理的,可以向信息公开办提出。经查证属实的,将对负有责任的部门单位予以督促整改或者通报批评。

第三十五条 部门单位应当在每年1月5日前向信息公开办报送上一年度工作情况。国家知识产权局应当在每年1月31日前向国务院政府信息公开工作主管部门提交上一年度政府信息公开工作年度报告并向社会公布。

第三十六条 部门单位年度工作报告应当包括下列内容:

(一)局年度政务公开工作要点各项工作落实情况;

(二)主动公开政府信息情况;

(三)政府信息公开工作存在的主要问题及改进情况、工作建议等;

(四)其他需要报告的事项。

第三十七条 政府信息公开工作年度报告应当包括下列内容:

(一)主动公开政府信息的情况;

(二)收到和处理政府信息公开申请的情况;

(三)因政府信息公开工作被申请行政复议、提起行政诉讼的情况;

(四)政府信息公开工作存在的主要问题及改进情况,工作考核、社会评议和责任追究结果情况;

(五)其他需要报告的事项。

第三十八条 部门单位违反《中华人民共和国政府信息公开条例》和本办法的规定,有下列情形之一的,由信息公开办责令改正;情节严重的,对负有责任的领导人员和直接责任人员依法给予处分;构成犯罪的,依法追究刑事责任:

(一)不依法履行政府信息公开职能;

(二)不及时更新公开的政府信息内容、政府信息公开指南和政府信息公开目录;

(三)违反《中华人民共和国政府信息公开条例》规定的其他情形。

第六章　附　　则

第三十九条 本办法适用于局机关、专利局、商标局,局其他直属单位参照执行。

第四十条 本办法由国家知识产权局办公室负责解释。

第四十一条　本办法自印发之日起实施。原《国家知识产权局政府信息公开实施办法》同时废止。

政府信息更正处理流程

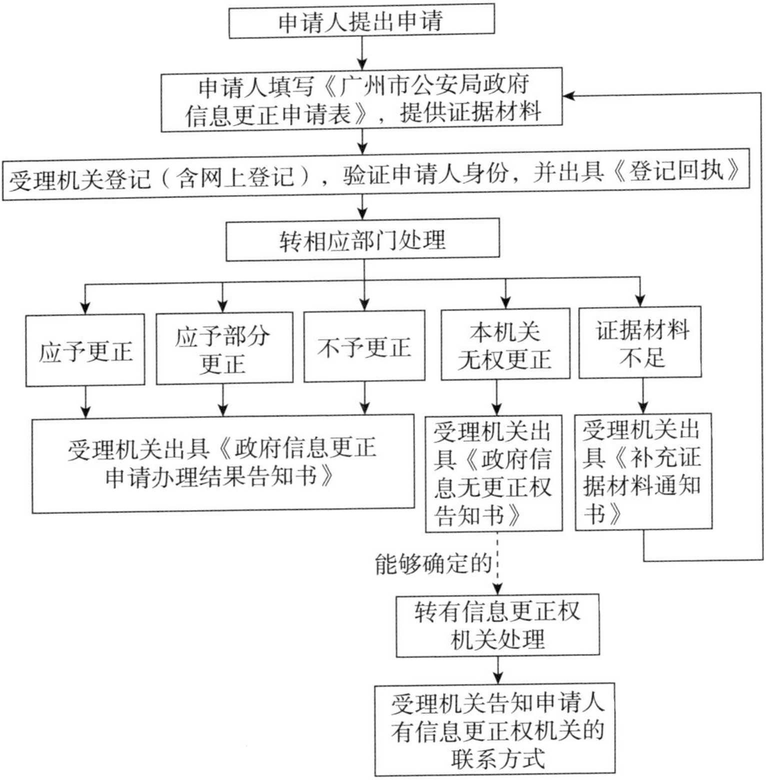

政府信息公开申请处理流程

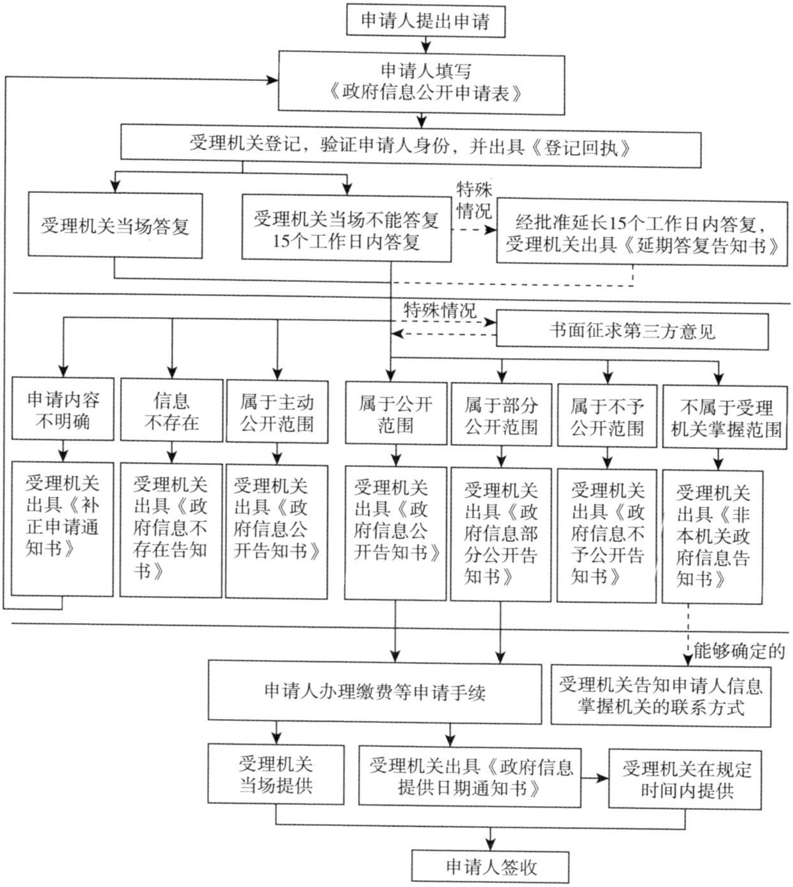

《中华人民共和国政府信息公开条例》新旧对照表①

2007 年政府信息公开条例	2019 年政府信息公开条例
第一章　总　　则	第一章　总　　则
第一条　为了保障公民、法人和其他组织依法获取政府信息，提高政府工作的透明度，~~促进依法行政，~~充分发挥政府信息对人民群众生产、生活和经济社会活动的服务作用，制定本条例。	**第一条**　为了保障公民、法人和其他组织依法获取政府信息，提高政府工作的透明度，**建设法治政府**，充分发挥政府信息对人民群众生产、生活和经济社会活动的服务作用，制定本条例。
第二条　本条例所称政府信息，是指行政机关在履行职责过程中制作或者获取的，以一定形式记录、保存的信息。	**第二条**　本条例所称政府信息，是指行政机关在履行**行政管理**职能过程中制作或者获取的，以一定形式记录、保存的信息。
第三条　各级人民政府应当加强对政府信息公开工作的组织领导。 国务院办公厅是全国政府信息公开工作的主管部门，负责推进、指导、协调、监督全国的政府信息公开工作。 县级以上地方人民政府办公厅（室）~~或者县级以上地方人民政府确~~	**第三条**　各级人民政府应当加强对政府信息公开工作的组织领导。 国务院办公厅是全国政府信息公开工作的主管部门，负责推进、指导、协调、监督全国的政府信息公开工作。 县级以上地方人民政府办公厅（室）**是本行政区域的**政府信息公开

① 新旧对照表仅对重点删除的内容和新增的内容进行标示，画线部分表示删除的内容，黑体字部分表示新增的内容。

续表

2007 年政府信息公开条例	2019 年政府信息公开条例
~~定的其他~~政府信息公开工作主管部门负责推进、指导、协调、监督本行政区域的政府信息公开工作。	工作主管部门**，**负责推进、指导、协调、监督本行政区域的政府信息公开工作。 **实行垂直领导的部门的办公厅（室）主管本系统的政府信息公开工作。**
第四条 各级人民政府及县级以上人民政府部门应当建立健全本行政机关的政府信息公开工作制度，并指定机构（以下统称政府信息公开工作机构）负责本行政机关政府信息公开的日常工作。 政府信息公开工作机构的具体职责是： （一）~~具体承办~~本行政机关的政府信息公开事宜； （二）维护和更新本行政机关公开的政府信息； （三）组织编制本行政机关的政府信息公开指南、政府信息公开目录和政府信息公开工作年度报告； （四）对拟公开的政府信息~~进行~~保密审查； （五）本行政机关规定的与政府信息公开有关的其他职责。	**第四条** 各级人民政府及县级以上人民政府部门应当建立健全本行政机关的政府信息公开工作制度，并指定机构（以下统称政府信息公开工作机构）负责本行政机关政府信息公开的日常工作。 政府信息公开工作机构的具体职**能**是： （一）**办理**本行政机关的政府信息公开事宜； （二）维护和更新本行政机关公开的政府信息； （三）组织编制本行政机关的政府信息公开指南、政府信息公开目录和政府信息公开工作年度报告； （四）**组织开展**对拟公开政府信息**的**审查； （五）本行政机关规定的与政府信息公开有关的其他职**能**。
第五条 行政机关公开政府信息，应当遵循公正、公平、便民的原则。	**第五条** 行政机关公开政府信息，应当**坚持以公开为常态、不公开为例外，**遵循公正、公平、**合法、**便民的原则。

续表

2007 年政府信息公开条例	2019 年政府信息公开条例
第六条　行政机关应当及时、准确地公开政府信息。行政机关发现影响或者可能影响社会稳定、扰乱社会管理秩序的虚假或者不完整信息的，应当~~在其职责范围内~~发布准确的政府信息予以澄清。	**第六条**　行政机关应当及时、准确地公开政府信息。 行政机关发现影响或者可能影响社会稳定、扰乱社会**和经济**管理秩序的虚假或者不完整信息的，应当发布准确的政府信息予以澄清。
	第七条　各级人民政府应当积极推进政府信息公开工作，逐步增加政府信息公开的内容。
	第八条　各级人民政府应当加强政府信息资源的规范化、标准化、信息化管理，加强互联网政府信息公开平台建设，推进政府信息公开平台与政务服务平台融合，提高政府信息公开在线办理水平。
	第九条　公民、法人和其他组织有权对行政机关的政府信息公开工作进行监督，并提出批评和建议。
第二章　公开的范围	**第二章**　公开的**主体和**范围
第十七条　行政机关制作的政府信息，由制作该政府信息的行政机关负责公开；行政机关从公民、法人~~或者~~其他组织获取的政府信息，由保存该政府信息的行政机关负责公开。法律、法规对政府信息公开的权限另有规定的，从其规定。	**第十条**　行政机关制作的政府信息，由制作该政府信息的行政机关负责公开。行政机关从公民、法人和其他组织获取的政府信息，由保存该政府信息的行政机关负责公开；**行政机关获取的其他行政机关的政府信息，由制作或者最初获取该政府信息的行政机关负责公开**。法律、法规对政府信息公开的权限另有规定的，从其规定。

续表

2007 年政府信息公开条例	2019 年政府信息公开条例
	行政机关设立的派出机构、内设机构依照法律、法规对外以自己名义履行行政管理职能的，可以由该派出机构、内设机构负责与所履行行政管理职能有关的政府信息公开工作。 **两个以上行政机关共同制作的政府信息，由牵头制作的行政机关负责公开。**
第七条 行政机关应当建立健全政府信息~~发布~~协调机制。行政机关~~发布~~政府信息涉及其他行政机关的，应当与有关~~行政机关进行沟通、~~确认，保证行政机关~~发布~~的政府信息准确一致。 行政机关~~发布~~政府信息依照国家有关规定需要批准的，~~未~~经批准~~不得发布~~。	**第十一条** 行政机关应当建立健全政府信息**公开**协调机制。行政机关**公开**政府信息涉及其他机关的，应当与有关机关**协商**、确认，保证行政机关**公开**的政府信息准确一致。 行政机关**公开**政府信息依照**法律、行政法规和**国家有关规定需要批准的，经批准**予以公开**。
第十九条 行政机关~~应当~~编制、公布政府信息公开指南和政府信息公开目录~~，并~~及时更新。 政府信息公开指南~~，应当~~包括政府信息的分类、编排体系、获取方式~~，~~政府信息公开工作机构的名称、办公地址、办公时间、联系电话、传真号码、~~电子邮箱~~等内容。 政府信息公开目录~~，应当~~包括政府信息的索引、名称、内容概述、生成日期等内容。	**第十二条** 行政机关编制、公布**的**政府信息公开指南和政府信息公开目录**应当**及时更新。 政府信息公开指南包括政府信息的分类、编排体系、获取方式**和**政府信息公开工作机构的名称、办公地址、办公时间、联系电话、传真号码、**互联网联系方式**等内容。 政府信息公开目录包括政府信息的索引、名称、内容概述、生成日期等内容。

续表

2007 年政府信息公开条例	2019 年政府信息公开条例
	第十三条　除本条例第十四条、第十五条、第十六条规定的政府信息外，政府信息应当公开。 行政机关公开政府信息，采取主动公开和依申请公开的方式。
第八条　~~行政机关公开~~政府信息，~~不得~~危及国家安全、公共安全、经济安全和社会稳定。	**第十四条**　依法确定为国家秘密的政府信息，法律、行政法规禁止公开的政府信息，以及公开后可能危及国家安全、公共安全、经济安全、社会稳定的政府信息，不予公开。
第十四条第四款　~~行政机关不得公开~~涉及~~国家秘密、~~商业秘密、个人隐私的政府信息。但是，~~经权利人~~同意公开或者行政机关认为不公开~~可能~~对公共利益造成重大影响的~~涉及商业秘密、个人隐私的政府信息，可以~~予以公开。	**第十五条**　涉及商业秘密、个人隐私等公开会对第三方合法权益造成损害的政府信息，行政机关不得公开。但是，第三方同意公开或者行政机关认为不公开会对公共利益造成重大影响的，予以公开。
	第十六条　行政机关的内部事务信息，包括人事管理、后勤管理、内部工作流程等方面的信息，可以不予公开。 行政机关在履行行政管理职能过程中形成的讨论记录、过程稿、磋商信函、请示报告等过程性信息以及行政执法案卷信息，可以不予公开。法律、法规、规章规定上述信息应当公开的，从其规定。

续表

2007 年政府信息公开条例	2019 年政府信息公开条例
第十四条第一款　行政机关应当建立健全政府信息~~发布保密~~审查机制，明确审查的程序和责任。 **第十四条第二款**　行政机关~~在公开政府信息前，~~应当依照《中华人民共和国保守国家秘密法》以及其他法律、法规和国家有关规定对拟公开的政府信息进行审查。 **第十四条第三款**　行政机关对政府信息不能确定是否可以公开时，应当依照法律、法规和国家有关规定报有关主管部门或者同级保密工作部门确定。	**第十七条**　行政机关应当建立健全政府信息**公开**审查机制，明确审查的程序和责任。 行政机关应当依照《中华人民共和国保守国家秘密法》以及其他法律、法规和国家有关规定对拟公开的政府信息进行审查。 行政机关不能确定政府信息是否可以公开的，应当依照法律、法规和国家有关规定报有关主管部门或者保密**行政管理**部门确定。
	第十八条　行政机关应当建立健全政府信息管理动态调整机制，对本行政机关不予公开的政府信息进行定期评估审查，对因情势变化可以公开的政府信息应当公开。
第三章　公开**的方式和程序**	**第三章**　**主动**公开
第九条　行政机关~~对符合下列基本要求之一的政府信息~~应当主动公开： ~~（一）~~涉及~~公民、法人或者其他组织切身~~利益的~~；~~ ~~（二）~~需要~~社会~~公众广泛知晓或者参与的~~；~~ ~~（三）反映本行政机关机构设置、职能、办事程序等情况的；~~ ~~（四）其他依照法律、法规和国家有关规定应当主动公开的。~~	**第十九条**　对涉及**公众**利益**调整**、需要公众广泛知晓或者**需要公众**参与**决策**的**政府信息**，行政机关应当主动公开。

续表

2007 年政府信息公开条例	2019 年政府信息公开条例
第十条　~~县级以上各级人民政府及其部门~~应当依照本条例第九条的规定，~~在各自职责范围内确定~~主动公开~~的政府信息的具体内容，并重点公开~~下列政府信息： （一）行政法规、规章和规范性文件； （二）国民经济和社会发展规划、专项规划、区域规划及相关政策； （三）国民经济和社会发展统计信息； （四）财政预算、决算~~报告；~~ （五）行政事业性收费的项目、依据、标准； （六）政府集中采购项目的目录、标准及实施情况； ~~（七）行政许可的事项、依据、条件、数量、程序、期限以及申请行政许可需要提交的全部材料目录及办理情况；~~ （八）重大建设项目的批准和实施情况； （九）扶贫、教育、医疗、社会保障、促进就业等方面的政策、措施及其实施情况； （十）突发公共事件的应急预案、预警信息及应对情况； （十一）环境保护、公共卫生、安全生产、食品药品、产品质量的监督检查情况。	**第二十条　行政机关**应当依照本条例第**十九**条的规定，主动公开**本行政机关的**下列政府信息： （一）行政法规、规章和规范性文件； **（二）机关职能、机构设置、办公地址、办公时间、联系方式、负责人姓名；** （三）国民经济和社会发展规划、专项规划、区域规划及相关政策； （四）国民经济和社会发展统计信息； **（五）办理行政许可和其他对外管理服务事项的依据、条件、程序以及办理结果；** **（六）实施行政处罚、行政强制的依据、条件、程序以及本行政机关认为具有一定社会影响的行政处罚决定；** （七）财政预算、决算**信息**； （八）行政事业性收费项目**及其**依据、标准； （九）政府集中采购项目的目录、标准及实施情况； （十）重大建设项目的批准和实施情况； （十一）扶贫、教育、医疗、社会保障、促进就业等方面的政策、措施及其实施情况； （十二）突发公共事件的应急预案、预警信息及应对情况；

续表

2007 年政府信息公开条例	2019 年政府信息公开条例
	（十三）环境保护、公共卫生、安全生产、食品药品、产品质量的监督检查情况； **（十四）公务员招考的职位、名额、报考条件等事项以及录用结果；** **（十五）法律、法规、规章和国家有关规定规定应当主动公开的其他政府信息。**
第十一条 设区的市级~~人民政~~府、县级人民政府及其部门~~重点公开的政府信息~~还应当~~包括下列内容：~~ ~~（一）城乡建设和管理的重大事项；~~ ~~（二）社会公益事业建设情况；~~ ~~（三）征收或者征用土地、房屋拆迁及其补偿、补助费用的发放、使用情况；~~ ~~（四）抢险救灾、优抚、救济、社会捐助等款物的管理、使用和分配情况。~~	**第二十一条 除本条例第二十条规定的政府信息外，**设区的市级、县级人民政府及其部门还应当**根据本地方的具体情况，主动**公开**涉及市政建设、公共服务、公益事业、土地征收、房屋征收、治安管理、社会救助等方面的政府信息；乡（镇）人民政府还应当根据本地方的具体情况，主动公开贯彻落实农业农村政策、农田水利工程建设运营、农村土地承包经营权流转、宅基地使用情况审核、土地征收、房屋征收、筹资筹劳、社会救助等方面的政府信息。**
	第二十二条 行政机关应当依照本条例第二十条、第二十一条的规定，确定主动公开政府信息的具体内容，并按照上级行政机关的部署，不断增加主动公开的内容。

续表

2007 年政府信息公开条例	2019 年政府信息公开条例
第十五条 行政机关应当将主动公开的政府信息~~，~~通过政府公报、政府网站、新闻发布会以及报刊、广播、电视等~~便于公众知晓的方式~~公开。	**第二十三条** 行政机关应当**建立健全政府信息发布机制，**将主动公开的政府信息通过政府公报、政府网站**或者其他互联网政务媒体**、新闻发布会以及报刊、广播、电视等**途径予以**公开。
	第二十四条 各级人民政府应当加强依托政府门户网站公开政府信息的工作，利用统一的政府信息公开平台集中发布主动公开的政府信息。政府信息公开平台应当具备信息检索、查阅、下载等功能。
第十六条 各级人民政府应当在国家档案馆、公共图书馆设置政府信息查阅场所，并配备相应的设施、设备，为公民、法人~~或者~~其他组织获取政府信息提供便利。 行政机关可以根据需要设立公共查阅室、资料索取点、信息公告栏、电子信息屏等场所、设施，公开政府信息。 行政机关应当及时向国家档案馆、公共图书馆提供主动公开的政府信息。	**第二十五条** 各级人民政府应当在国家档案馆、公共图书馆**、政务服务场所**设置政府信息查阅场所，并配备相应的设施、设备，为公民、法人**和**其他组织获取政府信息提供便利。 行政机关可以根据需要设立公共查阅室、资料索取点、信息公告栏、电子信息屏等场所、设施，公开政府信息。 行政机关应当及时向国家档案馆、公共图书馆提供主动公开的政府信息。
第十八条 属于主动公开范围的政府信息，应当自该政府信息形成或者变更之日起 20 个工作日内~~予以~~公开。法律、法规对政府信息公开的期限另有规定的，从其规定。	**第二十六条** 属于主动公开范围的政府信息，应当自该政府信息形成或者变更之日起 20 个工作日内**及时**公开。法律、法规对政府信息公开的期限另有规定的，从其规定。

续表

2007年政府信息公开条例	2019年政府信息公开条例
	第四章 依申请公开
第十三条 除~~本条例第九条、第十条、第十一条、第十二条规定的~~行政机关主动公开的政府信息外，公民、法人或者其他组织~~还~~可以~~根据自身生产、生活、科研等特殊需要，向国务院部门、地方各级人民政府及~~县级以上~~地方~~人民政府部门申请获取相关政府信息。	**第二十七条** 除行政机关主动公开的政府信息外，公民、法人或者其他组织可以**向地方各级人民政府、对外以自己名义履行行政管理职能的**县级以上人民政府部门**（含本条例第十条第二款规定的派出机构、内设机构）**申请获取相关政府信息。
	第二十八条 本条例第二十七条规定的行政机关应当建立完善政府信息公开申请渠道，为申请人依法申请获取政府信息提供便利。
第二十条 公民、法人或者其他组织~~依照本条例第十三条规定向行政机关~~申请获取政府信息的，应当采用书面形式~~（包括数据电文形式）~~；采用书面形式确有困难的，申请人可以口头提出，由受理该申请的~~行政机关~~代为填写政府信息公开申请。 政府信息公开申请应当包括下列内容： （一）申请人的姓名或者名称、联系方式； （二）申请公开的政府信息的~~内容~~描述； （三）申请公开的政府信息的形式要求。	**第二十九条** 公民、法人或者其他组织申请获取政府信息的，应当**向行政机关的政府信息公开工作机构提出，并**采用**包括信件、数据电文在内的**书面形式；采用书面形式确有困难的，申请人可以口头提出，由受理该申请的**政府信息公开工作机构**代为填写政府信息公开申请。 政府信息公开申请应当包括下列内容： （一）申请人的姓名或者名称、**身份证明**、联系方式； （二）申请公开的政府信息的**名称、文号或者便于行政机关查询的其他特征性**描述； （三）申请公开的政府信息的形式要求**，包括获取信息的方式、途径**。

续表

2007 年政府信息公开条例	2019 年政府信息公开条例
	第三十条 政府信息公开申请内容不明确的，行政机关应当给予指导和释明，并自收到申请之日起 7 个工作日内一次性告知申请人作出补正，说明需要补正的事项和合理的补正期限。答复期限自行政机关收到补正的申请之日起计算。申请人无正当理由逾期不补正的，视为放弃申请，行政机关不再处理该政府信息公开申请。
	第三十一条 行政机关收到政府信息公开申请的时间，按照下列规定确定： （一）申请人当面提交政府信息公开申请的，以提交之日为收到申请之日； （二）申请人以邮寄方式提交政府信息公开申请的，以行政机关签收之日为收到申请之日；以平常信函等无需签收的邮寄方式提交政府信息公开申请的，政府信息公开工作机构应当于收到申请的当日与申请人确认，确认之日为收到申请之日； （三）申请人通过互联网渠道或者政府信息公开工作机构的传真提交政府信息公开申请的，以双方确认之日为收到申请之日。

续表

2007 年政府信息公开条例	2019 年政府信息公开条例
第二十三条　~~行政机关认为~~申请公开的政府信息~~涉及商业秘密、个人隐私，~~公开~~后可~~能损害第三方合法权益的，应当书面征求第三方的意见~~；~~第三方不同意公开的，~~不得~~公开。~~但是，~~行政机关认为不公开可能对公共利益造成重大影响的，~~应当~~予以公开，并将决定公开的政府信息内容和理由书面~~通知~~第三方。	**第三十二条**　**依**申请公开的政府信息公开**会**损害第三方合法权益的，**行政机关**应当书面征求第三方的意见。**第三方应当自收到征求意见书之日起 15 个工作日内提出意见。第三方逾期未提出意见的，由行政机关依照本条例的规定决定是否公开。**第三方不同意公开**且有合理理由**的，**行政机关不予**公开。行政机关认为不公开可能对公共利益造成重大影响的，**可以决定**予以公开，并将决定公开的政府信息内容和理由书面**告知**第三方。
第二十四条　行政机关收到政府信息公开申请，能够当场答复的，应当当场予以答复。 行政机关不能当场答复的，应当自收到申请之日起~~15~~ 个工作日内予以答复；如需延长答复期限的，应当经政府信息公开工作机构负责人同意~~，~~并告知申请人，延长~~答复~~的期限最长不得超过~~15~~ 个工作日。 ~~申请公开的政府信息涉及第三方权益的，~~行政机关征求第三方意见所需时间不计算在~~本条第二款~~规定的期限内。	**第三十三条**　行政机关收到政府信息公开申请，能够当场答复的，应当当场予以答复。 行政机关不能当场答复的，应当自收到申请之日起 **20** 个工作日内予以答复；需要延长答复期限的，应当经政府信息公开工作机构负责人同意并告知申请人，延长的期限最长不得超过 **20** 个工作日。 行政机关征求第三方**和其他机关**意见所需时间不计算在**前款**规定的期限内。

续表

2007 年政府信息公开条例	2019 年政府信息公开条例
	第三十四条 申请公开的政府信息由两个以上行政机关共同制作的，牵头制作的行政机关收到政府信息公开申请后可以征求相关行政机关的意见，被征求意见机关应当自收到征求意见书之日起 15 个工作日内提出意见，逾期未提出意见的视为同意公开。
	第三十五条 申请人申请公开政府信息的数量、频次明显超过合理范围，行政机关可以要求申请人说明理由。行政机关认为申请理由不合理的，告知申请人不予处理；行政机关认为申请理由合理，但是无法在本条例第三十三条规定的期限内答复申请人的，可以确定延迟答复的合理期限并告知申请人。
第二十一条 对申请公开的政府信息，行政机关根据下列情况分别作出答复： （一）属于公开范围的，应当告知申请人获取该政府信息的方式和途径； （二）属于不予公开范围的，应当告知申请人并说明理由； （三）依法不属于本行政机关公开或者该政府信息不存在的，应当告知申请人，对能够确定该政府信息的公开机关的，应当告知申请人该行政机关的名称、联系方式；	第三十六条 对政府信息公开申请，行政机关根据下列情况分别作出答复： （一）所申请公开信息已经主动公开的，告知申请人获取该政府信息的方式、途径； （二）所申请公开信息可以公开的，向申请人提供该政府信息，或者告知申请人获取该政府信息的方式、途径和时间； （三）行政机关依据本条例的规定决定不予公开的，告知申请人不予公开并说明理由；

续表

2007年政府信息公开条例	2019年政府信息公开条例
（四）~~申请内容不明确的，应当告知申请人作出更改、补充~~。	（四）**经检索没有所申请公开信息的，告知申请人该政府信息不存在；** （五）**所申请公开信息**不属于本行政机关**负责**公开的，告知申请人**并说明理由；**能够确定**负责公开**该政府信息的**行政**机关的，告知申请人该行政机关的名称、联系方式； （六）**行政机关已就申请人提出的政府信息公开申请作出答复、申请人重复申请公开相同政府信息的，告知申请人不予重复处理；** （七）**所申请公开信息属于工商、不动产登记资料等信息，有关法律、行政法规对信息的获取有特别规定的，告知申请人依照有关法律、行政法规的规定办理。**
第二十二条　申请公开的政府信息中含有不应当公开的内容，但是能够作区分处理的，行政机关应当向申请人提供可以公开的信息内容。	**第三十七条**　申请公开的信息中含有不应当公开**或者不属于政府信息**的内容，但是能够作区分处理的，行政机关应当向申请人提供可以公开的**政府**信息内容，**并对不予公开的内容说明理由**。
	第三十八条　行政机关向申请人提供的信息，应当是已制作或者获取的政府信息。除依照本条例第三十七条的规定能够作区分处理的外，需要行政机关对现有政府信息进行加工、分析的，行政机关可以不予提供。

续表

2007 年政府信息公开条例	2019 年政府信息公开条例
	第三十九条　申请人以政府信息公开申请的形式进行信访、投诉、举报等活动，行政机关应当告知申请人不作为政府信息公开申请处理并可以告知通过相应渠道提出。 申请人提出的申请内容为要求行政机关提供政府公报、报刊、书籍等公开出版物的，行政机关可以告知获取的途径。
第二十六条　行政机关依申请公开政府信息，应当按照申请人要求的形式予以提供；无法按照申请人要求的形式提供的，可以通过安排申请人查阅相关资料、提供复制件或者其他适当形式提供。	**第四十条**　行政机关依申请公开政府信息，应当根据申请人的要求及行政机关保存政府信息的实际情况，确定提供政府信息的具体形式；按照申请人要求的形式提供政府信息，可能危及政府信息载体安全或者公开成本过高的，可以通过电子数据以及其他适当形式提供，或者安排申请人查阅、抄录相关政府信息。
第二十五条第二款　公民、法人或者其他组织有证据证明行政机关提供的与其自身相关的政府信息记录不准确的，有权要求该行政机关予以更正。该行政机关无权更正的，应当转送有权更正的行政机关处理，并告知申请人。	**第四十一条**　公民、法人或者其他组织有证据证明行政机关提供的与其自身相关的政府信息记录不准确的，可以要求行政机关更正。有权更正的行政机关审核属实的，应当予以更正并告知申请人；不属于本行政机关职能范围的，行政机关可以转送有权更正的行政机关处理并告知申请人，或者告知申请人向有权更正的行政机关提出。

续表

2007 年政府信息公开条例	2019 年政府信息公开条例
第二十七条 行政机关依申请提供政府信息，除可以收取检索、复制、邮寄等成本费用外，不得收取其他费用。行政机关不得通过其他组织、个人以有偿服务方式提供政府信息。 行政机关收取检索、复制、邮寄等成本费用的标准由国务院价格主管部门会同国务院财政部门制定。	**第四十二条** 行政机关依申请提供政府信息，不收取费用。**但是，申请人申请公开政府信息的数量、频次明显超过合理范围的，行政机关可以收取信息处理费。** 行政机关收取**信息处理**费的**具体办法**由国务院价格主管部门会同国务院财政部门、**全国政府信息公开工作主管部门**制定。
第二十八条 申请公开政府信息的公民确有经济困难的，经本人申请、政府信息公开工作机构负责人审核同意，可以减免相关费用。 申请公开政府信息的公民存在阅读困难或者视听障碍的，行政机关应当为其提供必要的帮助。	**第四十三条** 申请公开政府信息的公民**存在阅读**困难**或者视听障碍**的，行政机关应当为其提供必要的帮助。
	第四十四条 多个申请人就相同政府信息向同一行政机关提出公开申请，且该政府信息属于可以公开的，行政机关可以纳入主动公开的范围。 **对行政机关依申请公开的政府信息，申请人认为涉及公众利益调整、需要公众广泛知晓或者需要公众参与决策的，可以建议行政机关将该信息纳入主动公开的范围。行政机关经审核认为属于主动公开范围的，应当及时主动公开。**

续表

2007 年政府信息公开条例	2019 年政府信息公开条例
	第四十五条　**行政机关应当建立健全政府信息公开申请登记、审核、办理、答复、归档的工作制度，加强工作规范。**
第四章　监督和保障	**第五章　监督和保障**
第二十九条　各级人民政府应当建立健全政府信息公开工作考核制度、社会评议制度和责任追究制度，定期对政府信息公开工作进行考核、评议。	**第四十六条**　各级人民政府应当建立健全政府信息公开工作考核制度、社会评议制度和责任追究制度，定期对政府信息公开工作进行考核、评议。
第三十条　政府信息公开工作主管部门~~和监察机关负责对行政机关~~政府信息公开的~~实施情况进行~~监督检查。	**第四十七条**　政府信息公开工作主管部门**应当加强对**政府信息公开**工作的日常指导和**监督**检查，对行政机关未按照要求开展政府信息公开工作的，予以督促整改或者通报批评；需要对负有责任的领导人员和直接责任人员追究责任的，依法向有权机关提出处理建议。** **公民、法人或者其他组织认为行政机关未按照要求主动公开政府信息或者对政府信息公开申请不依法答复处理的，可以向政府信息公开工作主管部门提出。政府信息公开工作主管部门查证属实的，应当予以督促整改或者通报批评。**
	第四十八条　**政府信息公开工作主管部门应当对行政机关的政府信息公开工作人员定期进行培训。**

续表

2007 年政府信息公开条例	2019 年政府信息公开条例
第三十一条 ~~各级行政机关~~应当在每年~~3~~月 31 日前~~公布~~本行政机关的政府信息公开工作年度报告。	**第四十九条 县级以上人民政府部门**应当在每年 **1** 月 31 日前**向本级政府信息公开工作主管部门提交**本行政机关**上一年度**政府信息公开工作年度报告**并向社会公布**。 **县级以上地方人民政府的政府信息公开工作主管部门应当在每年 3 月 31 日前向社会公布本级政府上一年度政府信息公开工作年度报告。**
第三十二条 政府信息公开工作年度报告应当包括下列内容: (一)行政机关主动公开政府信息的情况; (二)行政机关~~依申请公开政府信息和不予公开政府信息~~的情况; (三)~~政府信息公开的收费及减免情况;~~ (四)因政府信息公开申请行政复议、提起行政诉讼的情况; (五)政府信息公开工作存在的主要问题及改进情况; (六)其他需要报告的事项。	**第五十条** 政府信息公开工作年度报告应当包括下列内容: (一)行政机关主动公开政府信息的情况; (二)行政机关**收到和处理政府信息公开申请**的情况; (三)因政府信息公开**工作被**申请行政复议、提起行政诉讼的情况; (四)政府信息公开工作存在的主要问题及改进情况,**各级人民政府的政府信息公开工作年度报告还应当包括工作考核、社会评议和责任追究结果情况;** (五)其他需要报告的事项。 **全国政府信息公开工作主管部门应当公布政府信息公开工作年度报告统一格式,并适时更新。**

续表

2007 年政府信息公开条例	2019 年政府信息公开条例
第三十三条 公民、法人或者其他组织认为行政机关~~不依法履行~~政府信息公开~~义务~~的，可以向上级行政机关~~、监察机关~~或者政府信息公开工作主管部门举报。~~收到举报的机关应当予以调查处理~~。 ~~公民、法人或者其他组织认为行政机关在政府信息公开工作中的具体行政行为侵犯其合法权益的，~~可以依法申请行政复议或者提起行政诉讼。	**第五十一条** 公民、法人或者其他组织认为行政机关**在**政府信息公开**工作中侵犯其合法权益**的，可以向上**一**级行政机关或者政府信息公开工作主管部门**投诉**、举报，**也**可以依法申请行政复议或者提起行政诉讼。
第三十四条 行政机关违反本条例的规定，未建立健全政府信息~~发布保密审查~~机制的，由~~监察机关、~~上一级行政机关责令改正；情节严重的，对~~行政机关主要负责~~人依法给予处分。	**第五十二条** 行政机关违反本条例的规定，未建立健全政府信息**公开有关制度**、机制的，由上一级行政机关责令改正；情节严重的，对**负有责任的领导人员和直接责任**人员依法给予处分。
第三十五条 行政机关违反本条例的规定，有下列情形之一的，由~~监察机关、~~上一级行政机关责令改正；情节严重的，对~~行政机关直接负责的主管~~人员和~~其他~~直接责任人员依法给予处分；构成犯罪的，依法追究刑事责任： （一）不依法履行政府信息公开~~义务的~~； （二）不及时更新公开的政府信息内容、政府信息公开指南和政府信息公开目录的； ~~（三）违反规定收取费用的；~~	**第五十三条** 行政机关违反本条例的规定，有下列情形之一的，由上一级行政机关责令改正；情节严重的，对**负有责任的领导**人员和直接责任人员依法给予处分；构成犯罪的，依法追究刑事责任： （一）不依法履行政府信息公开**职能**； （二）不及时更新公开的政府信息内容、政府信息公开指南和政府信息公开目录； （三）违反本条例规定的其他**情形**。

续表

2007 年政府信息公开条例	2019 年政府信息公开条例
~~（四）通过其他组织、个人以有偿服务方式提供政府信息的；~~ ~~（五）公开不应当公开的政府信息的；~~ （六）违反本条例规定的其他行为。	
第五章　附　　则	**第六章　附　　则**
第三十六条　法律、法规授权的具有管理公共事务职能的组织公开政府信息的活动，适用本条例。	**第五十四条**　法律、法规授权的具有管理公共事务职能的组织公开政府信息的活动，适用本条例。
第三十七条　教育、~~医疗~~卫生、~~计划生育、~~供水、供电、供气、供热、环保、公共交通等与人民群众利益密切相关的公共企事业单位在提供社会公共服务过程中制作、获取的信息的~~公开~~，参照~~本条例~~执行~~，具体办法由国务院有关~~主管部门~~或者机构~~制定。	**第五十五条**　教育、卫生**健康**、供水、供电、供气、供热、环**境保护**、公共交通等与人民群众利益密切相关的公共企事业单位，**公开**在提供社会公共服务过程中制作、获取的信息，**依照相关法律、法规和国务院有关主管部门或者机构的规定**执行。**全国政府信息公开工作**主管部门**根据实际需要可以**制定**专门的规定**。 **前款规定的公共企事业单位未依照相关法律、法规和国务院有关主管部门或者机构的规定公开在提供社会公共服务过程中制作、获取的信息，公民、法人或者其他组织可以向有关主管部门或者机构申诉，接受申诉的部门或者机构应当及时调查处理并将处理结果告知申诉人。**
第三十八条　本条例自~~2008~~年5月~~1~~日起施行。	**第五十六条**　本条例自**2019**年5月**15**日起施行。